AF466394

FRÉDÉRIC MARCELIN

FINANCES D'HAÏTI

BIBLIOTHÈQUE NATIONALE
RF
IMPRIMÉS

EMPRUNT NOUVEAU - MÊME BANQUE

Prix : 3 Francs

PARIS
EN VENTE A L'IMPRIMERIE KUGELMANN
(L. Cadot, directeur)
12, rue de la Grange-Batelière, 12

1911

FINANCES D'HAÏTI

R.F. IMPRIMÉS

EMPRUNT NOUVEAU - MÊME BANQUE

8° Pa 463

FRÉDÉRIC MARCELIN

FINANCES D'HAÏTI

EMPRUNT NOUVEAU — MÊME BANQUE

R F
IMPRIMÉS

PARIS
EN VENTE A L'IMPRIMERIE KUGELMANN
(L. Cadot, directeur)
12, rue de la Grange-Batelière, 12

1911

AVANT-PROPOS

Le général Nord Alexis, du temps qu'il était président de notre petite république, disait volontiers :

« — On a beau me parler d'emprunt, je « n'en veux ni à l'intérieur, ni surtout à « l'extérieur. C'est par là qu'on perdra notre « autonomie... Et puis, est-ce que le pays « a jamais profité de nos emprunts à l'étran- « ger ? De celui de 1875, pas un centime « n'est entré dans les caisses de l'Etat. Il a « été un véritable scandale. En 1896, cela « a été la même chose. Le pays n'a guère « profité des millions empruntés. Et le but « principal, qui était le retrait du papier- « monnaie, n'a même pas été tenté. Le plus

« clair de l'opération fut d'enrichir à nos « dépens des banquiers étrangers... Quant « à nous, nous sommes restés aussi pauvres, « plus pauvres... Ces deux emprunts réu- « nis, tout en nous soutirant annuellement « de grosses sommes, nous endettent pour « l'éternité de près de soixante-quinze mil- « lions. Je ne veux pas attacher mon nom à « semblables opérations. Je suis, avant tout, « conservateur de l'héritage, fût-il délabré. »

Secouant sa tête d'octogénaire à peine blanchie, et souriant malicieusement, il reprenait un instant après :

« — Ma vieille expérience m'a enseigné « aussi que généralement un emprunt à « l'étranger est toujours le signal de désor- « dres à l'intérieur... C'est parfois les « agents, les auxiliaires du Gouvernement « lui-même qui, feignant de les appréhen- « der, les provoquent au besoin pour avoir « une occasion de dépense. Mais ce sont les

« mécontents qui s'organisent, tentent un « mouvement, prennent les armes pour « empêcher le Gouvernement de jouir de « l'argent et s'en emparer à sa place. Il ne « faut pas exposer la paix publique à sem- « blables tentations. Je ne ferai pas d'em- « prunt à l'extérieur. »

Quand le général Antoine Simon, actuellement président de notre république, rencontrera le général Nord Alexis, il est de toute probabilité que celui-ci, entre autres propos, lui rappellera son opinion sur les emprunts. Entre hommes d'Etat, ces échanges d'idées sont fréquents. Il va de soi que cette conversation ne saurait être qu'extra-terrestre, puisque le général Nord Alexis est mort depuis assez longtemps. Mais il est présumable que la vie se continue plus loin, que les propos de cette terre se répercutent ailleurs, que l'on y achève les conversations commencées ici-bas.

Peut-être pouvait-on, avec quelque rai-

son, croire que le successeur, sur ce point, ne différait guère d'avec le prédécesseur. Car le 25 juillet 1909 (1), le général Antoine Simon exposait dans un de ses entretiens dominicaux ceci : « Celui qui a la responsa-
« bilité d'un peuple ne doit pas s'aventurer.
« Il doit procéder avec circonspection, car
« c'est le crédit du pays qui est en jeu.
« Combien de fois ne m'a-t-on pas parlé
« d'emprunt : il n'en sera point fait... »

Le lecteur bénévole qui n'aurait pas poursuivi plus avant la lecture du discours resterait convaincu qu'il ne pouvait être fait d'emprunt sous ce gouvernement. Mais le général Simon, après avoir proclamé qu'*il ne serait pas fait d'emprunt*, s'était hâté d'ajouter : *s'il n'y a pas lieu*. C'était savoir ce que parler veut dire.

C'est grâce à cette restriction que l'on a pu présenter quelques mois plus tard au

(1) *Le Nouvelliste*, numéro du 27 juillet 1909.

Corps législatif le contrat d'emprunt de 65 millions de francs, clef de voûte du nouvel édifice financier dont Haïti a été dotée. Ce qui n'implique nullement, vous le comprenez bien, que, même en l'absence de cette mémorable restriction, on n'eût pas présenté ledit contrat et le reste.

Le sous-titre de cet ouvrage explique clairement la pensée dans laquelle il est écrit... En toute l'affaire il n'y a eu réellement de nouveau que l'emprunt, c'est-à-dire l'opération financière qui, contre un capital de 47 millions versés, nous grève de 65 millions, soit 18 millions d'écart.

Dans la Banque même, il n'y a eu vraiment d'inédit que l'ajoutage des mots : « *la République* ». Au lieu de : Banque Nationale d'Haïti, c'est aujourd'hui : Banque Nationale de la République d'Haïti. On conviendra que payer 18 millions cette adjonction de deux mots, c'est cher. D'autant plus que ces syllabes, quelque réconfortantes qu'elles soient, ne peuvent faire oublier que le pays n'avait plus à subir l'ancienne que durant vingt ans encore, tandis que la pseudo-nouvelle nous lie pour cinquante, et que même, en dépit de la loi qui la régit, elle déclare dans ses statuts qu'elle est constituée pour soixante-quinze ans.

A part cette addition *de la République*, c'est le même local, tant à Port-au-Prince qu'à Paris (1), le même personnel, tant à Port-au-Prince qu'à Paris, le même capital de 5 millions appelés... A côté de cela, que d'avantages, que de privilèges ! Quel encerclement multiple, savant, varié, infini ! Toutes les plus grandes nations du globe y ont concouru, ce qui est loin d'être rassurant pour nous.

Il n'est donc pas étonnant que l'opinion publique, en dépit des congratulations officielles, soit inquiète. On avait autrefois Cha-

---

1) On annonce qu'on va changer de local à Paris.

rybde. Si encore on en sortait pour tomber dans Scylla, ce serait même mal, et en somme on y est habitué. Mais on appréhende d'avoir Charybde et Scylla tout ensemble.

Cependant il ne convient pas d'être inexorablement pessimistes. Ce n'est pas une raison parce que nous sommes des malchanceux de désespérer quand même. Les accords signés, l'emprunt consommé, la banque établie, ce sont là des faits positifs. Il faut donc en tenir compte.

Certes, il fallait, au moment opportun, discuter ces contrats, les modifier utilement dans le sens des intérêts du pays. Il n'en a pas été possible pour des causes que chacun sait, pour des causes inhérentes au moule social. Il a fallu voter *manu militari*. Ni dans la Presse, ni dans les Chambres, nulle voix n'a pu s'élever hors celles qui, dans le *salus populi*, ne voyaient que le leur. Du reste ces questions étaient pour elles du chinois. Ceux qui pouvaient discuter et comprendre furent écartés systématiquement. Ils auraient pu, en risquant gros, essayer tout de même de se faire entendre. A quoi bon, se dirent-ils ? Le siège est fait et le résultat que trop certain.

S'ensuit-il qu'on doive continuer à s'abandonner? Il semble plutôt que la raison publique doit tenter de se ressaisir, car il ne paraît pas probable, aujourd'hui que tout est consommé, que le Gouvernement ait intérêt à persévérer dans son intransigeance.

Il faut donc se rendre compte des circonstances qui ont précédé et concouru à la formation de cet état financier qu'on nous dit nouveau. Il faut avoir sans cesse présents à l'esprit les sacrifices qu'il nous a coûtés, afin de les comparer aux avantages que nous en retirons. Il faut, censeurs vigilants, que nous puissions, sans acrimonie et en toute loyauté, rappeler à tout instant à la Banque Nationale de la République d'Haïti, si besoin était, la dette qu'elle a contractée envers le pays et qu'elle doit obligatoirement remplir.

Et cependant pourrons-nous le faire si nous ne savons rien d'elle ?

Ce n'est qu'en étudiant exactement les conditions de sa naissance, de son passé, que nous influerons favorablement sur son avenir. Qui sait si dans cette étude on ne trouvera pas, au surplus, les moyens de la ramener dans le droit chemin si elle s'en écartait? C'est le devoir des pouvoirs publics de ne pas contrarier ce travail de l'opinion, car ils peuvent y gagner eux-mêmes pour l'avenir une aide efficace. Naguère nos gouvernants, en bridant l'opinion, ont agi de cette façon inconsidérée. On sait ce qui, de chute en chute, d'abîme en abîme, en est résulté : le néant, la ruine, non pas sans doute pour l'ancienne banque, dont les actionnaires ont reçu, à la résiliation du con trat, le double du capital versé, après avoir joui durant trente années d'un intérêt annuel de 12 0/0 environ — mais pour notre pays. Aussi bien, et c'est ici l'occasion d'insister là-dessus, il est bon de remarquer que, quoi qu'il puisse advenir, l'affaire de la Banque, dans les conditions où elle se présente chez nous, ne peut jamais être mauvaise. Elle peut être plus ou moins bonne, selon que ses agents seront plus ou moins habiles, jamais médiocre, à plus forte raison mauvaise. La liquidation de l'ancienne institution l'a supérieurement démontré. Et on peut même croire que la transformation à laquelle on a assisté n'a été au fond qu'une excellente occasion de rajeunissement et de consolidation pour l'avenir. Rien n'était plus aisé, en effet, pour l'ancienne institution, que de s'entendre à l'amiable avec le Gouvernement actuel. Elle l'a délibérément refusé, parce qu'elle était certaine de trouver plus de profit dans sa transformation actuelle.

Il faut donc que nos publicistes mettent de côté le cliché conventionnel qui consiste à présenter la résiliation du contrat de la première Banque comme la sanction de ses fautes, et, par déduction, comme un épouvantail à qui marcherait sur ses traces. C'est faire sourire inutilement à nos dépens ceux qui ont mené l'opération.

Ce qu'il faut envisager aujourd'hui que, selon le dicton vulgaire, le vin est tiré, c'est l'adaptation de l'institution à notre milieu social, au développement de notre agriculture et à la création de l'industrie nationale. Or, pour y arriver, il faut que l'opinion publique suive pas à pas la Banque, qu'elle la surveille, qu'elle l'avertisse, qu'elle la rappelle sans cesse au sentiment de ses responsabilités et de ses devoirs.

Comment pourrait-elle le faire si elle ne la connaît qu'imparfaitement ?

Le but que se propose ce livre est d'appeler, de retenir s'il est possible l'attention sur les origines, les ressorts et les moyens d'action de la Banque. Ce but ne saurait prêter à aucune fâcheuse interprétation. Il est modeste, pacifique et franchement d'intérêt général.

F. M.

I

Le 26 octobre 1910, *Le Moniteur*, en tête de ses colonnes, publiait les trois lois qu'on trouvera à la fin de ce volume (1). On nous excusera de ne pas les donner ici, dans ce chapitre même. Elles sont quelque peu arides. Mais quelque aride que peut être leur lecture, elle ne saurait jamais être superflue. Que de fois dans l'avenir n'aura-t-on pas à les invoquer !

Il est à peu près certain que ce ne sera pas pour leur décerner sans restriction des louanges....

Quelques jours après le vote de ces lois, le Gouvernement, d'urgence et séance tenante, faisait sanctionner le 28 octobre, tant par la Chambre que par le Sénat, une loi sur le

(1) Voir ces trois pièces A, B, C à la fin de l'ouvrage.

rachat de la Dette intérieure. Elle établissait ainsi les conditions de ce rachat :

Consolidés 6 0/0	55 0/0
— 3 0/0	27 1/2 0/0
Emprunts dits Provisoires	54 0/0
— du 10 juillet 1903 ..	54 0/0
Titres bleus	25 0/0
— roses	25 0/0

Un fait unique dans notre histoire, et qui ne s'était jamais vu depuis l'indépendance du pays, marqua ces différentes lois dès avant leur présentation aux Chambres : ce fut la protestation du Gouvernement américain. Voici les documents relatifs à cette protestation :

MÉMORANDUM

En se référant à ses précédents mémorandums relatifs aux contrats d'emprunt et de Banque d'Haïti, le Département des Etats-Unis d'Amérique, après avoir achevé l'examen minutieux de ces contrats, considère qu'ils renferment de grandes défectuosités parmi lesquelles les suivantes peuvent être mentionnées :

1° La perception de certains revenus douaniers est confiée à une Compagnie française pour une période d'une cinquantaine d'années et, dans la suite, pour une période indéfinie (voir art. 13 du contrat d'emprunt). En cas de difficultés sérieuses entre cette Compagnie française, percevant ainsi les revenus douaniers, et le Gouvernement haïtien, le Gouvernement français pourrait intervenir. L'article 24 du contrat n'exclut pas l'intervention, car cette clause, dans plus d'une circonstance, a été reconnue comme ayant un effet nul sur le droit d'intervention diplomatique. Le Gouvernement des Etats-Unis doit considérer avec défaveur tout contrat pouvant entraîner l'intervention par voie de contrôle des Douanes.

2° Le contrat de Banque, tel qu'il est conçu, est un contrat purement exclusif, non seulement en ce qui a trait au fonctionnement de l'institution comme Banque nationale, mais encore en ce qui concerne son fonctionnement comme entreprise commerciale (voir contrat de Banque, art. 9, 14, 17 et 22). Le Gouvernement des Etats-Unis doit s'opposer à l'établissement en Haïti de droit de monopole qui exclut les entreprises américaines.

3° Le contrat de Banque ne peut être considéré comme donnant un plan financier solide :

a) Parce qu'on n'y voit pas clairement quels sont ceux qui doivent former ou constituer la Banque. Il peut être supposé qu'elle sera constituée ou formée par ceux à qui le contrat original aura été accordé, qu'il empêche de passer en d'autres mains.

b) Le projet d'émission des billets de banque paraît entièrement impropre à l'établissement d'une circulation monétaire sérieuse. D'après l'article V, il est stipulé que le capital de la Banque sera de 20 millions de francs dont un quart seulement, c'est-à-dire 5 millions de francs ou 1 million de dollars, doit être versé. On ne voit pas clairement si tout le stock doit être émis et 25 0/0 à prélever dessus ou si l'on doit émettre seulement 25 0/0 du stock et pour lesquels la totalité de la valeur doit être payée, la balance du stock restant non émise.

c) D'après l'article 9 du contrat, la Banque est autorisée à émettre de 2 à 6 millions de dollars en billets, c'est-à-dire de deux à six fois la portion du capital qui aura été versée. Aucune stipulation n'est faite en ce qui a trait à la réserve d'usage : la seule réserve prévue est celle qui est stipulée dans l'article 11 où il est dit que la Banque devra avoir en caisse une valeur en numéraire équivalente au tiers du montant des billets en circulation. Ce tiers, comme le contrat est maintenant élaboré, pourrait provenir entièrement des valeurs appartenant à des déposants, d'où une dépréciation possible de la circulation monétaire. La réserve ainsi prévue n'exige pas, en outre, que le montant réservé soit du numéraire ; elle permet que ce montant soit constitué en valeurs assimilées au numéraire, ce qui est indéfini en ce qui regarde la nature de la monnaie.

4° D'après le contrat, tel qu'il est conçu, la Banque, non seulement exerce des droits de souverain, mais encore remplit les fonctions de trésorier, une section ordinaire de l'administration haïtienne. Il est très impolitique de la part du Gouvernement haïtien de mettre entre les mains de Sociétés privées des pouvoirs si souverains, parce que si ces pouvoirs ne sont pas convenablement exercés ou si leur exercice devient indûment onéreux pour le Gouvernement haïtien, ce dernier ne pourra pas, sans courir le risque d'une intervention diplomatique, entreprendre d'en redresser les abus.

5° Le contrat semble, non seulement peu équitable, mais excessif pour le Gouvernement haïtien :

a) Parce que les bons 5 0/0 du Gouvernement ne sont placés qu'à 72 et fraction. Par voie de comparaison, en pourrait remarquer que les bons du Gouvernement de Saint-Domingue ont été émis à 98.

b) Comme il est dit ci-dessus, la Banque est chargée du service de la trésorerie du Gouvernement haïtien, tandis que le Gouvernement paie à la Banque 1 1/2 et, dans certains cas, 2 0/0 pour la manipulation de ses fonds. Cette institution, en retour, ne paie absolument aucun intérêt au Gouvernement pour ses fonds qu'elle détient et utilise. Elle charge le Gouvernement haïtien de 5 0/0 avec addition de 1/2 0/0 pour le renouvellement de prêts qu'elle lui fait.

c) D'après le contrat, la Banque a le droit exclusif d'émettre des billets, tandis que le Gouvernement n'a pas le droit d'en émettre. Aucune obligation n'est faite à la Banque d'émettre plus de 2 millions de dollars. Si cette somme est reconnue insuffisante, il est impossible au Gouvernement de remédier à cette situation en émettant lui-même des billets ou en exigeant de la Banque qu'elle en émette (art. 9 et 13).

6° Il n'est accordé aucune situation adéquate au Gouvernement dans la direction de la Banque, car, tandis que l'article 8 prévoit la nomination d'un commissaire spécial du Gouvernement et stipule que le tiers du personnel de la Banque sera composé d'Haïtiens, il ne semble pas qu'il y ait une prévision en vue de la présence de représentants dans le Conseil de la Banque dont le siège social est à Paris, et, d'après l'article 17, les directeurs ont le droit exclusif de régler l'administration intérieure de la Banque. Il semble donc que le Gouvernement n'a aucune voix dans la question.

7° Il ne semble pas que la Banque soit dans l'obligation d'avoir des fonds en Haïti et, par conséquent, il serait possible d'éloigner d'Haïti tous les fonds de la Banque, et alors peut-être d'entraîner, d'après l'article 2 du contrat de la Banque, une dissolution de la Banque laissant le Gouvernement haïtien entièrement dans l'embarras.

Les prévisions faites pour le rachat de la dette intérieure sont entièrement en discordance des droits des Américains porteurs de bons. Beaucoup d'entre eux ont tenu à faire l'acquisition de bons pour lesquels ils ont payé plus du double de leur valeur actuelle, valeur qui a été dépréciée par le fait que le Gouvernement haïtien a réduit de moitié le taux de l'intérêt.

En outre, le projet ne fait aucun prévision et, apparemment, ne se propose pas de régler de nombreuses réclamations contre le Gouvernement haïtien. Le Gouvernement des Etats-Unis doit insister en vue d'un juste et convenable règlement de ces réclamations. Pour ces raisons : le Gouvernement des Etats-Unis trouve qu'il est nécessaire d'exprimer une entière désapprobation à l'endroit des présents contrats, de protester contre la négociation d'une convention qui est en même temps si préjudiciable aux intérêts américains, si nuisible à la souveraineté d'Haïti et si injuste dans ses opérations à l'égard du peuple et du Gouvernement d'Haïti, qu'il ne pourrait permettre à un tel contrat d'avoir son effet d'une manière si préjudiciable aux citoyens et aux intérêts américains.

LÉGATION AMÉRICAINE

14 *octobre* 1910.

Au Secrétaire d'Etat
des Relations extérieures.

Monsieur,

En me référant aux mémorandums relatifs aux contrats de Banque et d'emprunt actuellement à l'examen, mémorandums que, par ordre de mon Gouvernement, j'ai soumis à l'examen du Gouvernement de Votre Excellence, j'ai l'honneur de vous remettre sous ce pli un nouveau mémorandum reçu hier par câble. Je serai obligé à Votre Excellence de le soumettre à l'attention de son Gouvernement, le plus tôt qu'il lui sera possible.

Je désire particulièrement attirer l'attention de Votre Excellence sur le paragraphe écrit du mémorandum où mon Gouvernement exprime sa désapprobation et proteste contre le contrat tout entier qui est si préjudiciable aux intérêts américains, si nuisible à la souveraineté d'Haïti et si injuste dans ses opérations pour le peuple d'Haïti.

Votre Excellence voudra bien agréer, etc.

H.-W. FURNISS.

Nous ne commenterons pas ces pièces. Elles mirent, sans doute, le patriotisme haïtien à une rude épreuve. Le moins qu'on puisse en dire, c'est que les reproches qui nous étaient adressés étaient mérités. Et cela n'est pas, au contraire, pour panser la blessure. Cependant on doit remarquer qu'en dépit de ces mémorandums, véritables ultimatums, les contrats furent votés... Comment nos hommes d'État s'arrangèrent-ils pour donner satisfaction aux *intérêts* américains, ou de certains Américains? Par quels arguments convaincants les ont-ils convertis ?

Là est leur secret, et il ne faut pas insister.

Ce qui peut être intéressant, c'est de jeter un regard rétrospectif sur la façon dont, dans la presse et dans les Chambres, la discussion touchant ces contrats fut menée. Cela nous aidera à fixer les responsabilités si plus tard nous avions à pâtir de ces nouvelles opérations.

Eh bien ! sans hésitation, sans atténuation possible, il faut établir que cette discussion fut absolument nulle : rien, ni dans les Chambres ni dans la presse, ne révéla que le pays allait contracter des engagements d'une importance capitale pour son avenir. Toute velléité d'examen fut sévèrement proscrite. On avait vu, sous Salomon, l'établissement de la première Banque : le projet avait été discuté, critiqué, débattu dans la presse et au Corps législatif. Journalistes, députés, sénateurs avaient émis des opinions plus ou moins favorables. Cette fois, rien : le néant, ou tout comme.

A la Chambre un seul député, M. Moravia Morpeau, essaya de discuter l'emprunt et le contrat de Banque. Traité de vendu par le ministre quand il croyait naïvement défendre les intérêts du peuple, il perdit aux élections générales de janvier suivant sa place de député, le pouvoir exécutif l'ayant fait rayer de la liste de ceux à élire.

De plus, quelque temps après, profitant de l'insurrection de Ouanaminthe, on lui fit faire un bon tour de prison.

Au Sénat, le sénateur Cauvin vainement tenta de discourir, en les divisant, sur les trois contrats financiers. Comme il avait été qualifié de conspirateur, la semaine d'avant, dans une des homélies présidentielles, l'Assemblée refusa de l'écouter. Et par un vote d'ensemble, elle ratifia séance tenante dissolution, Banque, emprunt. C'est ce qui s'appelle chez nous la manière forte... Si dans la vie ordinaire les cambrioleurs sont gens timides et de mince envergure, il n'en est pas de même dans notre politique. Le cambriolage est un sport qu'on y pratique couramment, et avec succès.

Quand on se donne la peine de relire les déclarations officielles du Gouvernement, on voit que, comme de coutume, il se place en face de l'intérêt général pour demander qu'on lui vote sans discussion les projets qu'il présente. En effet, le ministre des finances s'écrie aussi bien dans l'une que dans l'autre Chambre :

« Que de fois, hélas ! n'avez-vous pas eu, Messieurs, à critiquer, et à juste raison, le système des emprunts ruineux, à protester contre la pratique des petits expédients inavouables, indignes d'un peuple si merveilleusement doué sous le rapport des richesses naturelles de son sol ? Quel est celui d'entre vous, Messieurs les sénateurs, qui n'a eu à éprouver les effets lamentables de cette monnaie de mauvais aloi dont le pays a été envahi ces temps derniers ? Qui de vous ne se sentirait bondir d'indignation à la seule pensée de voir l'Exécutif un de ces jours se présenter en cette enceinte pour vous demander de voter un projet soit de frappe de nickel, soit une émission de papier-monnaie ? »

C'est fort bien, et on ne peut qu'approuver ce langage. Cependant, il s'agit de s'entendre : va-t-on sans vergogne, et au détriment de la communauté, sacrifier les intérêts du pays, accepter pour l'emprunt des conditions onéreuses que ni l'état du pays ni celui des marchés européens ne pouvaient laisser supposer ?

Nul doute que si le Gouvernement l'avait voulu, ces conditions n'eussent été très sensiblement améliorées. Mais il ne s'en est pas préoccupé, et il est certain que lui eût-on imposé des conditions deux fois plus dures, dans sa hâte de conclure il les eût acceptées.

Vainement objectera-t-il que l'emprunt de 1896 avait été conclu dans des conditions aussi désastreuses. Cette considération ne saurait l'absoudre, et elle équivaut plutôt à une condamnation. Avant 1896, le pays n'avait fait — j'écarte, et pour cause, l'emprunt de 1825 (1) — qu'une fois appel aux capitaux étrangers, et il en était résulté

(1) Voir mon livre *Haïti et l'Indemnité française.*

l'opération financière dénommée : Emprunt 1875. Le résultat de cette opération n'était pas pour inspirer confiance aux prêteurs. Les souvenirs cuisants qu'il leur avait laissés n'étaient pas encore complètement effacés.

Les temps étaient autres en 1910. Et il était élémentaire d'en tenir compte.

En effet, depuis 1896 le crédit du pays à l'étranger n'avait fait que progresser. Les échéances de l'emprunt contracté cette année-là avaient été fidèlement tenues. De jour en jour ses cours avaient haussé. Ils avaient très notablement, depuis quelque temps, dépassé le pair. D'un autre côté, les pays producteurs de café, après de nombreuses années de baisse persistante, voyaient presque à chaque Bourse cette denrée franchir une nouvelle étape. Pour Haïti, la hausse avait été presque du double : en 1908, nos cafés valaient environ 39 francs et en 1910 ils dépassaient 75 francs. Ne fallait-il pas profiter de cette situation ? Et parce qu'on avait fait une mauvaise opération en 1896, fallait-il la décalquer, la répéter en 1910 ? Quand tous les peuples ouvrent leurs yeux à la lumière, fallait-il les tenir obstinément bandés ? Quel intérêt avaient nos gouvernants à garder un sommeil léthargique ?

On ne peut supposer que l'ignorance ou une impardonnable négligence.

Ceux qui penchent pour l'ignorance trouveront peut-être un argument à leur thèse dans le document intitulé *Rapport au Sénat de la République sur les projets financiers.*

Dans ce rapport, inspiré ou dicté par le pouvoir exécutif, il est dit que l'émission de l'emprunt se fera vraisemblablement aux environs de 400 francs, et on prévoit pour les émetteurs un bénéfice de 5 millions de francs. L'événement a démontré que le Sénat n'avait aucune idée de l'état de notre crédit à l'extérieur, ni des ambitions de l'Union Parisienne, car, hélas ! ce n'est pas seulement 5 millions qu'on a gagnés sur notre tête...

L'emprunt dit de 1910 est de 65 millions de francs, soit 130,000 obligations de 500 francs. Il n'est versé à l'Etat que 47 millions, d'où un écart de 18 millions abandonnés aux émetteurs et au public. L'obligation revient donc aux émetteurs, puisqu'ils ne versent que 47 millions, à 361 fr. 54. A combien la passeront-ils au public ? Le Sénat prévoyait 400 francs. Qu'il était bon ! Les émetteurs ne l'ont lâchée qu'à 442.50, soit plus du double des prévisions bénéficiaires sénatoriales. Et encore ne l'ont-ils donnée, comme on le verra plus loin, que très parcimonieusement, en toutes petites tranches, se réservant de la faire aller jusqu'au pair et de réaliser encore un nouveau bénéfice.

En attendant, en ce mois d'avril où j'écris ces lignes, elle est déjà à 455 francs .Ce qui fait, en se tenant seulement au prix d'émission de 442 fr. 50, — négligeant les 13 francs déjà gagnés sur ce cours, — que la souscription, ouverte le 17 février, close le même jour, rapportait à cette date (l'obligation étant livrée par l'État à 361 fr. 54) le chiffre à peu près rond de 10,500,000 francs. Pour une belle opération, c'était une belle opération. On comprend que dans ces conditions le capital à verser de la nouvelle Banque n'était pas difficile à trouver. C'était notre propre argent qui le constituait. Mais que dire de nos dirigeants ?

Ils ne prirent même pas la peine de stipuler, comme en 1896, que les porteurs de la Dette Intérieure pourraient, pour leurs créances à rembourser, recevoir au taux de l'émission les titres du nouvel emprunt, s'ils le désiraient. Non, ils ne stipulèrent rien au profit de la communauté... Cependant, oui, il y eut une stipulation, et il serait injuste de ne pas la signaler, d'autant plus qu'elle peut, à l'occasion, constituer une barrière infranchissable si le Gouvernement était tenté de l'enfreindre. C'est celle qui à l'article 25, dernier alinéa, du contrat d'emprunt, établit que "la Banque Nationale de la République d'Haïti ne pourra se dessaisir de ces fonds que pour les paiements auxquels ils sont affectés par l'article dix-sept des présentes". Or, l'article 17 déclare qu'il s'agit du retrait intégral du papier-monnaie, du remboursement de la Dette Intérieure et du solde de l'Emprunt du 20 août 1909.

On aura, au moins, ce résultat, — le retrait intégral du papier-monnaie, — acheté si chèrement.

En tout cas, la Banque Nationale de la République d'Haïti a intérêt à ne pas oublier, comme sa devancière, la responsabilité que la loi lui impose de ce chef (1).

---

(1) Il est absolument regrettable que le Corps législatif n'ait pas fixé, dans la loi, le taux du retrait.

On sait que le Gouvernement qui précéda celui du général Antoine Simon passait, aux yeux de l'étranger, pour faire de la xénophobie un système gouvernemental, une sorte de credo politique. Au fond, cette opinion était exagérée ou plutôt ne reposait que sur un examen très superficiel de la question. Pour beaucoup, elle n'était en fait qu'une revanche de leurs intérêts privés contrecarrés par le procès de la Consolidation.

Il n'est pas besoin de dire qu'aucun des membres du Gouvernement individuellement ne pouvait encourir ce reproche, car ils étaient tous, soit par leur éducation, soit par leurs attaches, au-dessus de ce préjugé. Mais c'était au chef du Pouvoir Exécutif qu'on en faisait remonter surtout la responsabilité. Or, le chef étant tout dans l'État haïtien, le Gouvernement du Général Nord Alexis portait l'étiquette, et la gardera peut-être dans l'histoire, de détester l'étranger. Je me hâte d'ajouter que cette qualification, quelque imméritée qu'elle fût, n'était pas pour déplaire à ce général. Sans s'en glorifier, il ne la repoussait pas.

D'abord il faut établir que la xénophobie a cessé d'exister en Haïti depuis près d'un siècle, c'est-à-dire dès après les luttes de l'Indépendance haïtienne. Encore pourrait-on soutenir que même à cette époque elle n'existait pas réellement, car c'était aux Français seulement, naguère maîtres de l'île, qu'on en voulait. Les autres étrangers n'étaient l'objet d'aucune animadversion. Mais, quelques années après Dessalines, tout sentiment de haine même contre les anciens possesseurs du pays, contre les maîtres impitoyables, était effacé : le Français, qu'on n'avait plus à craindre comme colon, bénéficiait, au même titre que les autres peuples, de la plus large et de la plus complète bienveillance.

Aujourd'hui ce n'est plus la bienveillance, c'est le privilège en tout et partout, que ce soit dans la vie privée ou dans la vie publique, qui entoure l'étranger en Haïti et fait cortège à chacun de ses pas. Qu'il reste dans les villes ou qu'il aille dans les campagnes, son titre d'étranger, illustré par sa peau, lui est un passeport irrésistible. C'est la sympathie assurée, ce serait aussi le respect au besoin. Car personne n'ignore dans l'île que, à défaut de ce premier sentiment, il pourrait, à l'occasion, imposer le second par les canons allemands, anglais, américains, français, qui sont derrière lui. Toutefois il faut dire que c'est surtout la sympathie qui domine.... Il est le roi, le maître. Et s'il daigne choisir une jolie fille pour compagne légitime dans les familles de l'île, du coup il élève ladite famille au-dessus de toutes les autres, naguère ses égales, par une sorte de brevet de noblesse, de protection conféré instantanément, et qui permettra demain, si un des parents est compromis dans une conspiration, de trouver chez lui un asile sacré sous son pavillon d'étranger.

On est donc bien revenu de 1804, époque où Dessalines entendait que le sang blanc fût une souillure.

Aujourd'hui nos jeunes gens, dans leurs détresses journalières, quand la générale bat dans les rues, quand le canon d'alarme est tiré, quand, pourchassés, ils sont obligés de se sauver dans les consulats pour ne pas être fusillés sommairement contre un mur, n'ont qu'un désir, qu'une ambition : se faire étranger, car l'étranger circule, vaque à ses affaires, respecté, honoré, tandis qu'ils ressemblent à s'y méprendre aux moutons à l'abattoir.

Chaque fois que de l'asile où ils sont

cachés, de la prison où, ferrés, ils attendent l'inconnu, ils apprennent une exécution militaire, ils font vœu de se naturaliser Français, car généralement, dans ces cas, c'est vers la France qu'on se tourne. Heureusement pour la Patrie, quand le danger est passé, nos jeunes gens se reprennent à l'espérance de jours moins tristes, peut-être bien aussi à l'espoir de rendre plus tard à d'autres ce qu'ils ont subi... Ce qui fait que plus ça change, plus c'est la même chose.

Il est donc aisé de voir que la xénophobie ne saurait trouver un terrain favorable dans le pays. L'étranger n'est pour personne l'ennemi. Pour beaucoup de nos compatriotes — et c'est la faute de nos discordes civiles et de notre militarisme — il est plutôt le suprême espoir, l'idéal auquel on aspire, quand devant la Patrie marâtre on blasphème et on renie.

Telle était la situation quand éclata le procès de la Consolidation, procès dans lequel l'aristocratie financière du pays — c'est-à-dire l'élément étranger et la Banque Nationale — fut compromise.

On dit que le général Nord Alexis saisit avec empressement cette occasion d'affirmer des sentiments qui étaient à l'état latent dans son cœur. On affirme que nonagénaire, ayant fait toute sa carrière dans l'armée, ayant eu pour compagnons d'armes ceux qui n'eurent, vers 1804, qu'un catéchisme, la haine de l'étranger, les leçons qu'il croyait avoir oubliées, dont peut-être il ne soupçonnait même plus l'existence, se réveillèrent en lui dans leur intensité et furent le pivot de sa conduite. Il faut s'inscrire en faux contre ces suppositions. Rien ne fait présumer que ce legs du passé pesa sur sa conduite, et la meilleure raison qu'on en peut donner, c'est que jamais antérieurement il ne passa pour xénophobe. Au Cap-Haïtien, où il gouverna si longtemps, il avait bien plutôt la réputation contraire.

Cependant la sorte de prestige dont jouit l'étranger est si grand chez nous, que de tous côtés on conseilla au chef de l'Etat de ne pas donner suite au procès. On lui représenta les mille dangers qui en résulteraient, et surtout l'exécrable renommée dont la presse européenne ne manquerait pas de le couvrir. Le dicton créole, si pittoresque, si original : *cassé feuilles, couvri ça*, fut invoqué par ses amis, par ses ennemis, par tout le monde. Si ce n'était pas l'arche sainte, c'était tout au moins un nid de guèpes auquel il était périlleux de toucher, car on ne manquerait pas d'y voir un retour au passé, au passé qu'il faut ensevelir...

Le général Nord Alexis ne crut pas à ces avertissements. Il pensa que son devoir de chef d'Etat était de marcher droit devant lui, sans s'occuper des à-côtés. Peut-être crut-il aussi que le moment était favorable d'essayer de relever le sentiment national de plus en plus amoindri, de plus en plus avili devant l'étranger, de donner à l'Haïtien quelque conscience de lui-même... Sans connaître ses auteurs, il avait souvent entendu nos politiciens s'écrier avec douleur, rappelant les temps anciens, et au regret qu'il n'en fût plus de même :

Mon verre n'est pas grand, mais je bois dans mon verre !

Il rêva de faire boire l'Haïtien dans son verre, et il lui sembla que l'occasion était trouvée dans la Consolidation. Il fit donc le Procès et enleva le service de la trésorerie à la Banque d'Haïti pour le remettre aux Haïtiens. Ce qui en résulta, on ne le sait que trop : guerre civile, déchaînement d'injures, de calomnies dans la presse étrangère, et finalement remise aujourd'hui de ce service de trésorerie à l'étranger. Cependant, pour avoir tenté de réaliser ce rêve, cette utopie, Nord Alexis, en dépit de tout, gardera dans l'histoire une glorieuse originalité.

Ce qui fait ressortir l'injustice de l'accusation de xénophobie portée contre lui, c'est qu'il y avait des Haïtiens compromis dans le procès. Or, ils ne furent pas mieux traités que les autres. Toutefois, on ne peut nier que plus tard la lutte parut à certains moments revêtir ce caractère d'intransigeance de la part du Gouvernement, et cela par la force même des circonstances... Car les étrangers se jugeant menacés dans leur situation parce que quelques membres de leur classe étaient compromis, se solidarisèrent avec eux. Ils firent bloc contre l'ennemi commun, lequel ennemi commun se défendit, très maladroitement d'ailleurs.

Jusqu'à ce jour, ce Procès de la Consolidation fait encore l'effet d'une robe de Nessus. Personne ne veut l'avoir endossée. Un peu plus, quand la Révolution des Cayes triompha, on allait décréter sa non-existence. Les pièces étaient prêtes qui demandaient non seulement la revision du procès, mais son abolition. Du général Antoine Simon on prétendit faire une façon de Louis XVIII radiant Napoléon. La question pécuniaire arrêta l'élan. On songea qu'il faudrait restituer les sommes encaissées, et c'était impossible.

Au surplus, cette question pécuniaire continue à passionner encore en ce moment. Quand elle ne sert pas à des suspicions illogiques, elle sert à *l'illusion*... politique. C'est dans cette dernière catégorie qu'on peut ranger une dépêche du Président de la République à son secrétaire d'État des finances, à la date du 11 mars 1911.

Il lui dit :

« M. Cincinnatus Leconte ayant acquitté sa condamnation pécuniaire, je vous invite à faire encaisser le montant de cette condamnation par la Banque Nationale de la République d'Haïti, avec mention de n'y point toucher pour quelque motif que ce soit.

« Vous ordonnerez cet encaissement dans

les formes légales, en ayant soin de faire observer à la Banque que cette recette doit figurer dans un compte spécial, de façon qu'à n'importe quelle époque on puisse, sans difficulté, constater que la valeur versée par M. Cincinnatus Leconte, en exécution d'un jugement du Tribunal criminel de Port-au-Prince, est entrée dans la caisse publique au profit de l'État. »

A entendre l'honorable général, il semblerait que les valeurs de la Consolidation ne sont pas entrées dans la caisse publique. Il fait absolument erreur. Toutes les sommes perçues ont abouti régulièrement à la Recette générale, des ordonnances ont été dressées, et toutes elles ont servi aux dépenses de l'État. Il a donc été très mal renseigné. Mais là où il est reprochable surtout, et où son ministre des finances aurait dû le rappeler à l'observance des lois, c'est quand il croit qu'il peut de son autorité édicter des règles nouvelles en matière d'administration, décider, comme il le fait, que telle valeur figurera à tel compte spécial quand la loi de finances en a préalablement décidé, prescrire qu'on ne touchera pas à ladite valeur sous quelque prétexte que ce soit, quand une disposition législative à prescrit :

« Toutes les valeurs généralement quelconques recouvrées et à recouvrer des condamnés et toutes celles accumulées à la Banque Nationale d'Haïti en vertu des saisies régulièrement effectuées seront employées aux dépenses du service public (1) ».

Voilà donc une décision présidentielle qui abroge formellement la loi. Et, du reste, à qui fera-t-on accroire qu'il soit plus facile de constater dans un compte spécial que par une ordonnance régulièrement dressée « que la valeur versée par M. Cincinnatus

(1) Voir à la fin du volume le rapport du 5 juillet 1910 de la Chambre des comptes. Pièce D.

Leconte, en exécution d'un jugement du Tribunal de Port-au-Prince, est entrée dans la caisse publique au profit de l'État »? C'est le contraire qui serait plutôt à prévoir. Il faut souhaiter, dans l'intérêt public, que cette méthode ne se généralise pas, qu'elle ne soit pas surtout appliquée aux quarante-sept millions que le Gouvernement touche de l'Emprunt 1910....

Aussi bien cette façon de procéder paraît grosse d'un autre danger. Supposons que M. Cincinnatus Leconte — le cours des événements est incertain en Haïti — reprenne pied demain dans la politique. Comme le montant de sa condamnation a été consigné à la Banque « *avec mention de n'y point toucher pour quelque prétexte que ce soit* », il le trouvera à point et pourra tout simplement se le faire rendre. Et le général Antoine Simon n'aura travaillé que pour lui.

III

Revenons à la Banque *nouvelle* et au contrat d'emprunt.

Aucune critique de ces opérations ne saurait valoir celle que, d'ordre de son gouvernement, avait présentée la légation des Etats-Unis à Port-au-Prince... avant l'entente. Il faudra déplorer amèrement que les intérêts du peuple n'aient trouvé que dans cette légation seulement une possible et éphémère défense. Certes, le respect de la dignité nationale commandait de ne pas oublier que Haïti est un Etat libre, indépendant, jouissant pleinement de son autonomie. Cependant il ne fallait pas mériter les reproches qui nous étaient adressés. Et, du reste, comment a-t-on rendu vains ces reproches? Comment a-t-on écarté les foudres qui grondaient sur nos têtes ? En abandonnant une part du gâteau, lequel demeurant en le primitif état critiqué, constituait en somme une affaire autrement belle, autrement lucrative que ne l'avaient rêvée les prétendus évincés. En vérité, est-ce que la justice peut se contenter d'une semblable solution ? Et y a-t-il lieu, à ce propos, d'invoquer le patriotisme et de parler du respect de l'autonomie nationale, brillamment sauvegardée ?

Cela est inutile et cela est pénible plutôt.

Les conditions draconiennes contre lesquelles, au nom du peuple haïtien, protestait le gouvernement des Etats-Unis, sont restées, en fait, immuables, invariables. Seulement, après négociations et entente, il en a été distrait une part au profit de certains intérêts américains. Cela a suffi, pour le moment, à rendre inopérantes ces remontrances. Or, elles ne subsistent pas moins. Par une circonstance inattendue qui s'échappe parfois de certains actes, rien ne prouve que demain elles ne servent pas, et cette fois réellement, le peuple haïtien.

Il n'est pas douteux que bien des misères vont découler du remboursement de notre Dette intérieure. L'équilibre budgétaire des petits ménages sera rompu très notablement. Je sais bien qu'on invoquera la réduction des intérêts opérée sous le précédent Gouvernement pour justifier la réduction actuelle du capital de la Dette. La question m'étant personnelle, je ne veux pas insister. C'est en passant que je ferai remarquer qu'il n'y a pas d'équivalence entre réduire des intérêts de 12 0/0 à 6 0/0 et diminuer un capital de 45 0/0. Au lieu d'avoir 6 0/0 d'intérêts sur 100 dollars comme dans l'ancienne Dette intérieure, le rentier n'aura devant lui qu'un capital de 55 dollars, et le pourrait-il placer à 6 0/0 qu'il ne recevrait que 3 dollars 30.

Mais le placera-t-il à 6 0/0? Il faut en

douter, car on n'a même pas eu la précaution de réserver aux porteurs de la Dette intérieure l'échange facultatif de leurs titres contre des obligations du nouvel emprunt 5 0/0 au prix d'émission de 442 fr. 50. Au surplus, quand on a réduit les intérêts de la Dette intérieure, c'était une question budgétaire qui était en jeu : il fallait vivre, il fallait payer les employés, faire marcher le service courant. Ce sacrifice imposé à la nation lui retournait, en quelque sorte, sous une autre forme. Il n'y avait ni moyens, ni ressources autres en vue. En était-il de même en 1910 ? Il est permis de douter que dans une opération financière de 65 millions, il n'eût pas été possible de faire un autre sort aux porteurs de la Dette intérieure.

En dehors de cet intérêt spécial, il semble aussi qu'un grand intérêt public commandait une autre méthode, car un malaise économique va probablement découler de ce rouage brisé de la Dette consolidée. Elle faisait l'office de caisse d'épargne dans notre milieu social, et les habitudes de prévoyance ne sont pas déjà si communes chez nous qu'il faille faire fi de cet argument. L'argent remboursé sera vite dissipé, faute d'un placement sous la main, et la pléthore du paupérisme envahira de plus en plus notre société.

Il faut donc se demander si, pour toutes ces tristes perspectives, il était sage d'emprunter 65 millions pour n'en recevoir que 47, soit moins de 37 0/0 du capital nominal.

Le bon sens public, tôt ou tard, répondra que cela ne valait pas cette peine.

Il faut encore répéter que les négociateurs de l'emprunt n'avaient aucune connaissance des marchés européens, et surtout de l'état économique du pays au regard de ces marchés. Autrement ils auraient mieux défendu nos intérêts.

Cette ignorance était générale, si on en juge par le rapport du Sénat que nous avons déjà analysé sommairement. Le Sénat, en sa naïve libéralité, estimait à 5 millions le bénéfice des émetteurs, car il affirmait que l'on ne pourrait émettre les obligations qu'à 400 francs. Or elles ont été émises à 442.50, soit de ce chef seulement — on reviendra plus loin sur la question — un bénéfice de 11 millions. Cette preuve est suffisante, je pense, pour démontrer comment nos intérêts ont été sacrifiés.

Le général Nord Alexis, avec des récoltes très minimes et des prix pour le café au-dessous de 40 francs, avait pu diminuer la Dette publique de plusieurs centaines de milliers de dollars. Mais en 1910, par un rare bonheur, le café avait dépassé 75 francs. C'est, on le sait, la seule véritable ressource du pays jusqu'à ce jour. Indubitablement ces prix doublés devaient amener plus d'aise dans le peuple et améliorer la situation du Trésor. Malheureusement, le mal endémique de nos Gouvernements : les grosses dépenses, n'avait pas plus épargné le Gouvernement du général Antoine Simon que celui de ses prédécesseurs. Achats réitérés de bateaux de guerre, gaspillages dans toutes les branches de l'administration, charges publiques créées sans discernement, pour le plaisir, enfin toute la gamme coutumière des futilités et des inutilités décorées du pompeux qualificatif de service public, au lieu d'améliorer la situation l'avait empirée. Peut-être qu'avec un programme d'ordre et d'économie, pratiqué sans défaillance, aurait-on pu s'en tirer. Comment, en fait, l'exiger de nos gouvernants ? C'était impossible. On souffrait donc autant, si ce n'est davantage, et malgré la hausse du café sur les marchés étrangers, que sous Nord Alexis, car les employés publics — c'est-à-dire une bonne portion du peuple — restaient indéfiniment sans être payés. Le général Antoine Simon, chaque dimanche, pour expliquer cette situation, en faisait remonter la responsabilité à son prédécesseur. Ses homélies, qu'il s'efforçait de rendre le plus paternelles possible, n'endormaient le mal qu'à la surface.

Il fallut donc arriver à un emprunt extérieur, puisqu'on ne voulait, qu'on ne pouvait peut-être, arriver à une vraie amélioration par des voies plus prudentes et plus sages...

Cependant ce mal résolu, comment expliquer une méconnaissance aussi flagrante des intérêts du peuple ? Comment comprendre qu'on ne les ait pas mieux défendus ?

A cette question on ne peut trouver qu'une réponse : c'est que le Gouvernement, malheureusement, ne permit aucune discussion dans la presse locale. On aurait pu l'éclairer, car notre pays ne manque pas d'hommes très au fait des sciences financières. Il ne le permit pas. Aujourd'hui que l'opération est accomplie, il faut espérer que, dans l'intérêt public et dans le sien propre, il se montrera moins intransigeant.

IV

La Banque Nationale d'Haïti, si elle a le souvenir reconnaissant, doit marquer d'une pierre blanche le jour qu'elle s'est établie en Haïti... En effet, après trente ans d'existence sans labeur sérieux, n'ayant durant ce temps connu d'autre fatigue que celle d'encaisser nos commissions statutaires et extra-statutaires, après avoir enfin, de par cette somnolence délétère, mérité des vicissitudes amères, elle s'est retirée cependant en toute gloire, en toute apothéose, en tout profit... Aucun pronostic défavorable n'a pu avoir prise sur sa chance inébranlable.

Le rapport à l'Assemblée générale extraordinaire du 6 janvier 1911, ainsi que les deux circulaires de février, ne réclament pas de commentaire : ces pièces parlent. Elles établissent surabondamment qu'en s'en allant, la Banque s'est retirée à son avantage, toujours maîtresse du terrain... Tout lui a souri et pourrait lui sourire mieux encore... Voyez... L'Union Parisienne lui accorde, en compensation de son privilège cédé, 20,000 parts de fondateur qu'elle vend, un peu hâtivement pour elle, à 62 fr. 50, soit 1,250,000 francs. Le lendemain, ces parts font 100 francs, soit 2 millions de francs (1). Heureuse liquidation ! Heureuse *ancienne* Banque ! (2).

---

(1) Voir plus loin le rapport au Conseil d'administration et les circulaires de février. Pièces E, F, G, H.

(2) Pendant que je corrige les épreuves de ce livre, je lis dans le *Journal*, chronique financière du 4 mai, que les parts bénéficiaires sont à 142 fr. 50, ce qui donne pour les 20,000 parts le chiffre de 2,850,000 francs.

Cette hausse suppose un dividende annuel de 14 à 15 francs à la part. La Banque Nationale de la République d'Haïti aura, en effet, une année exceptionnelle, grâce aux commissions du service extérieur, lesquelles, de par l'emprunt et le rachat de la Dette intérieure, vont être considérables. Sans compter, bien entendu, les autres profits, tels, pour n'en citer qu'un, les opérations multiples sur la balance des 47 millions que forcément, en attendant le retrait intégral du papier-monnaie, le gouvernement haïtien laissera entre ses mains.

Quant aux parts bénéficiaires, on voit l'étape parcourue

L'institution qui disparaissait ainsi dans ce feu de Bengale payé par les Haïtiens avait été fondée en 1880. Elle avait donc environ une trentaine d'années d'existence. Elle eut des moments difficiles à passer, mais ne s'en soucia guère jusqu'au jour où le service de la trésorerie lui fut enlevé par une décision législative. Ce coup, sans doute, lui fut sensible, car là était le plus clair de son revenu. En effet, durant les trente années qu'elle resta dans le pays, elle ne fut, à proprement parler, qu'un bureau de perception.

Entre ceux qui critiquèrent le retrait du service de la trésorerie de la Banque, il convient d'établir deux catégories : l'une soutenait que l'Etat n'avait pas le droit légal d'en déposséder l'institution, l'autre condamnait la mesure en elle-même parce

depuis que deux mois auparavant on les liquidait en bloc pour 1 million de francs environ. C'est nous qui faisons les frais de la danse, ignorants et naïfs comme à l'ordinaire.

que, selon son dire, l'Haïtien est inapte à remplir honnêtement ce service.

Il n'y a pas à rouvrir la discussion avec les partisans de la première catégorie. Cette discussion serait vraiment oiseuse, puisque ayant définitivement rompu avec la Banque nous n'avons eu rien de plus pressé que de remettre ce service à une autre institution. Que l'on ait transigé, là n'est point la question. Soit par transaction ou autrement, l'État, à la minute de l'arrangement, a eu ce service en mains, puisque légalement il a pu le concéder au nouvel établissement. Donc il n'est pas intéressant de rouvrir une discussion résolue en fait.

Reste la deuxième catégorie, celle qui dénie à l'Haïtien toute aptitude à gérer ses propres finances. Il n'y a pas d'erreur possible sur ce point : le Gouvernement a été d'accord avec cette catégorie qu'il fallait restituer ce service à l'étranger, parce que seul il pouvait le faire avantageusement pour la nation. Notons que cette façon de voir ne lui était pas imposée. Il pouvait fort bien, puisqu'il contractait avec une autre institution, soutenir l'opinion contraire, essayer tout au moins de la faire prévaloir. Mais nulle hésitation de sa part. Pour lui la chose est arrêtée, jugée : l'Haïtien crée la fortune publique et ne peut pas la gérer. C'est pourquoi il se hâta, de son propre mouvement, de remettre ce soin à l'institution étrangère.

Eh bien ! on nous permettra de nous inscrire en faux contre ce jugement et de croire, malgré ce qui est arrivé, que l'expérience n'est pas aussi concluante que nos gouvernants actuels le prétendent.

En effet, jusqu'au 2 décembre 1908 — et durant même la période révolutionnaire qui aboutit au triomphe du général Antoine Simon — la Recette générale, gérée exclusivement par des Haïtiens, donna le plus parfait exemple de l'ordre et de la régularité. Le désordre ne commença qu'avec le nouvel ordre de choses. Ce fut voulu, il semble. Le programme de la Révolution était de remettre le service de la Trésorerie à la Banque Nationale dès l'entrée à Port-au-Prince. Un discours officiel du chef du Pouvoir exécutif le dit formellement. Il semblerait même que dans cette hâte il y eût un pieux hommage à rendre à Salomon (1), créateur de l'institution, et aussi un témoignage de déférence amicale à la France. Quel meilleur moyen pour arriver à ce résultat que de démontrer au pays que le service de la Recette et de la Dépense était insuffisant et mal fait. ? Il n'y avait qu'à le démoraliser en proclamant chaque jour sa précarité ; il n'y avait qu'à le désorganiser en y

(1) Salomon était du Sud, d'où vint la Révolution, et le général Antoine Simon, ce qui est à sa louange, fut un de ses fidèles lieutenants.

introduisant des éléments choisis dans ce but, il n'y avait surtout qu'à l'affranchir de tout contrôle... Mais la Banque qui préférait une liquidation autrement fructueuse resta sourde à nos avances, et ce fut l'héritière désignée par elle qui en bénéficia...

Il semble logique que le Gouvernement haïtien, après l'expérience qu'on venait de faire durant trente années avec la Banque Nationale, dût essayer de conserver sa trésorerie. Tout au contraire, il crut faire œuvre excellente, œuvre patriotique, en la confiant de nouveau pour cinquante ans ou soixante-quinze (on ne sait au juste, ici c'est cinquante, là c'est soixante-quinze) à une autre institution étrangère. « *Il est très impolitique*, lui avait dit le cabinet de Washington, *de mettre entre les mains de sociétés privées des pouvoirs si souverains.* » Il passa outre. Et ses hommes d'Etat n'entendirent pas — ou s'ils entendirent n'écoutèrent pas — cette voix de la conscience, cette voix du bon sens, de la raison, qui veut qu'un peuple qui ne peut gérer ses finances ne peut non plus conserver son autonomie. Naguère nous n'avions qu'un tuteur. Aujourd'hui nous en avons trois, de nationalités différentes, il est vrai : allemand, américain, français. Nous voilà dans une triplice d'où il sera difficile peut-être de sortir.

V

Un des plus grands reproches qu'on peut adresser aux contrats financiers sous l'empire desquels la République va vivre durant de si nombreuses années, c'est — il faut le redire — qu'ils n'ont été guère discutés. Assurément, il y a eu un ou deux articles par-ci par-là dans les journaux. Deux rapports officiels ont été lus dans les Chambres législatives. Mais articles et rapports étaient sans grande valeur. Ils parlaient pour parler. D'avance on savait la conclusion à laquelle ils allaient aboutir. Leurs auteurs n'étaient pas sans doute des illettrés, mais ils étaient — en dehors de l'approbation attendue — peu au courant des questions qu'ils prétendaient traiter. Ils n'étaient pas nuls, ils n'étaient que médiocres. Or, en ces matières, il y a quelque chose, déclare un auteur, de plus terrible que la nullité, c'est la médiocrité.

Peut-être aussi n'était-il pas très sage de se confier à l'Union Parisienne pour l'édification de notre nouvel édifice financier. Cette Banque est essentiellement une Banque d'affaires. Il faut que son capital travaille vite et bien. Elle s'est spécialisée dans les opérations éminemment lucratives pour la plus grande joie de ses actionnaires. Elle n'est pas surtout une banque de dépôts et ne dispose pas des ressources que donne une clientèle de déposants. C'est un rouage admirablement forgé, tout ce qu'il y a de plus moderne, de dernier progrès si on peut s'exprimer ainsi. Or un tel établissement, qui est pour la réalisation rapide, instantanée, peut bien mener avec maestria un emprunt public — et on a vu et on verra tout à l'heure encore comment il a mené le nôtre — mais on peut craindre que pour le reste des contrats financiers le même esprit de routine, de parti pris, de trésorerie bureaucratique qui dominait l'ancienne Banque d'Haïti ne soit le sien. Et en étudiant les conventions, en songeant au capital appelé, dont l'infimité dérisoire saute aux yeux, on sent cette appréhension se fortifier, grandir, devenir une désastreuse réalité.

Il est bien évident que le pays aurait eu un meilleur contrat de banque si on n'avait pas soudé aux conventions un contrat d'emprunt. La fascination de l'argent *frais* sur un trésor à sec ferma nos oreilles à toute discussion sérieuse. Nos yeux seuls restèrent ouverts, fixés sur l'appât des 65 millions. Dans ces conditions, il fut aisé d'obtenir l'adhésion des pouvoirs publics à tout ce qu'on voulut.

Le gouvernement traita donc avec hâte, à a vapeur, comme s'il ne voulait pas laisser échapper cette occasion unique, inespérée..

Et dût-on se répéter, il faut redire qu'il oubliait trop que la situation du pays avait changé, que depuis deux ans le café de 38 francs était monté à 75, que tous les pays producteurs de cette denrée avaient vu leur crédit public se fortifier, que particulièrement pour Haïti la bonne tenue de sa rente extérieure était un baromètre qu'il ne fallait pas négliger de consulter. En vérité, quelle raison, encore une fois, y avait-il de signer un emprunt qui pour 47 millions effectifs endettait la République de 65 millions !

On connaît le rapide succès de cet emprunt sur la place de Paris. Emis le 17 février 1911 à 442 fr. 50, il fut clos le même jour. Il est présumable que fort peu d'obligations furent réellement offertes au public, car voici la répartition qui eut lieu le 24 février courant :

a) Les souscriptions de 1 à 5 obligations furent effectuées.

b) Celles de 6 à 200 reçurent 6 obligations.

c) Au delà de ce chiffre, il fut attribué 2 3/4 0/0 des titres demandés.

Le bloc fut sans doute gardé par les émetteurs. Dès le lendemain, les obligations montèrent rapidement à 455. On prévoit qu'avant longtemps elles atteindront le pair. On voit, sans beaucoup d'arithmétique, ce qu'à 500 francs chaque obligation devra rapporter au groupe émetteur. Pour mémoire, il faut se rappeler qu'elle lui revient initialement à 361 fr. 54, en dehors, bien entendu, des frais de publicité qui ont été nuls.

A la fin du volume, nous renvoyons les prospectus relatifs à l'emprunt (1). Il est bon que nos hommes d'Etat actuels les contemplent de temps en temps, afin que

(1) Voir plus loin les deux prospectus de l'Union Parisienne, relatifs à l'Emprunt de 65,000,000, et une note financière du 17 février 1911. Pièces I, J, K.

dans ce succès ils aient quelque regret de n'avoir pas mieux défendu leur pays. Certainement, avec une meilleure connaissance du marché, une étude plus complète de nos intérêts, ils auraient pu faire bénéficier la République de plus de six à sept millions.

Un des journaux financiers de Paris, sous le titre: « **Petit Pays, grand avenir** », a célébré en termes élogieux le triomphe économique, dit-il, du général Antoine Simon. Ce triomphe est à proprement parler celui de l'Union Parisienne, mais je ne puis m'empêcher de répéter avec une conviction autrement fondée: *Petit pays, grand avenir !* A quand? Là est le secret.

En attendant, avant de passer au chapitre suivant, laissez-moi vous faire remarquer combien dans les notes financières, — publiées au sujet de l'emprunt et dont vous trouverez plus loin, à la fin de ce travail, un échantillon, — il est répété sans cesse : « Un des côtés caractérisques de cet emprunt est l'intervention de grandes maisons de banques américaines et d'un des principaux établissements allemands. »

La conclusion à en tirer n'est pas difficile.

VI

En même temps que la Banque Nationale d'Haïti annonçait sa liquidation, la Banque Nationale de la République d'Haïti commençait ses opérations le 1er mars (1).

Quelques publications avaient pris soin de rappeler que, avec la nouvelle institution, la France gagnait une part importante d'influence. Elles appuyaient surtout infiniment sur les grands avantages qui devaient en résulter pour notre pays de l'installation de ce nouveau rouage financier.

« Aux termes de ses statuts, disaient-elles, établis d'accord avec le gouvernement haïtien, la *Banque Nationale de la République d'Haïti* a le privilège exclusif d'émet-

(1) Voir à la fin du volume les pièces relatives à la liquidation et à l'ouverture : L. M. N.

tre des billets au porteur, remboursables en espèces, à présentation, à Haïti. Ces billets, considérés comme monnaie, auront cours légal avec force libératoire illimitée, dans toute l'étendue de la République d'Haïti et seront reçus dans toutes les caisses publiques. La banque devra avoir en caisse, en métallique ou valeurs assimilées au métallique, le tiers du montant des billets en circulation.

« Elle donnera son concours au Gouvernement pour l'élaboration et l'application d'une loi relative à l'établissement d'une unité de monnaie nationale à base d'or et d'une monnaie divisionnaire, au retrait du papier-monnaie, et, éventuellement, du nickel, et à la circulation des monnaies étrangères. Elle sera chargée de l'émission de la nouvelle monnaie divisionnaire.

« En outre, la Banque sera, à titre exclusif, chargée du service de la trésorerie de l'Etat, tant à l'intérieur qu'à l'extérieur. A ce titre, elle recevra à l'encaissement toutes les sommes revenant à l'Etat, et notamment les droits de douane sur l'importation et l'exportation. De même, elle effectuera tous les paiements pour le compte de l'Etat, y compris le service des intérêts et amortissements de la Dette publique.

« Elle recevra, après entente spéciale avec le Gouvernement, les consignations et les dépôts prescrits par l'autorité administrative et judiciaire.

« La Banque pourra établir une Caisse d'épargne et effectuer toutes les opérations que comportera son fonctionnement.

« Enfin, elle aura la faculté de réaliser toutes les opérations ordinaires d'une banque d'émission, de dépôts, de prêts, d'escompte, de prêts agricoles, et, en général, toutes les opérations considérées comme rentrant dans le cadre habituel des affaires des maisons de banque et des établissements de crédit.

« On voit que ce programme, vaste et précis, doit permettre à la *Banque Nationale de la République d'Haïti* d'exercer une influence sensible sur le développement économique et financier de la République, dont les nombreux éléments de prospérité ne demandent qu'à être mis en œuvre. »

A Port-au-Prince, le 8 mars 1911, on inaugurait devant le Président de la République et une assemblée d'élite la nouvelle Banque. Dans un discours approprié aux circonstances, son directeur saluait « ceux qui, présents ici, ont contribué par des moyens différents, à la fondation de cet établissement.

« Je nommerai donc, disait-il, en les « priant de trouver une fois de plus ici l'ex- « pression de toute notre gratitude :

. . . .

« Monsieur le Ministre de France, qui a « collaboré si activement à nos efforts et

« contribué si puissamment à la fondation « de cette Banque;

« Monsieur le Ministre des Etats-Unis, « qui nous a valu le haut et puissant con- « cours des capitaux américains ;

« Monsieur le Ministre d'Allemagne, qui « a suivi avec tant de persévérance tout le « travail de formation de la nouvelle insti- « tution, qui en est l'ouvrier de la première « heure et qui pourrait, si sa réserve bien « connue ne l'en empêchait, revendiquer à « juste titre... le titre de principal collabo- « rateur de l'établissement. »

Auparavant, il avait fortement appuyé sur le programme de la Banque, dont les grandes lignes sont :

« La restauration des finances de l'Etat « par l'ordre et l'économie;

« Le développement du commerce, en lui « accordant les facilités dont il a besoin ;

« Le relèvement de l'agriculture ;

« L'encouragement et la propagation du « goût de l'épargne par le développement « des affaires industrielles et agricoles et la « sécurité offerte au placement des capi- « taux ;

« Et enfin la création, par voie de con- « séquence, du mouvement industriel, « toutes les conditions qui sont les pre- « miers éléments de la richesse d'une na- « tion. »

Cette magique évocation, ce merveilleux tableau doit devenir une réalité grâce au capital appelé de la nouvelle institution qui, comme dans l'ancienne, n'est que de cinq millions... C'est réussir de belles choses avec de bien petits moyens. Ce ne serait, à la vérité, que plus méritoire. Mais la Banque Nationale d'Haïti — ne pas lire *de la République* — avait développé exactement, lors de son inauguration, le même programme. Elle a passé trente ans à piétiner sur place.

Il est vrai que ne présidaient pas à son baptême les fées d'Allemagne, des Etats-Unis et de France réunies...

Il n'est pas dans notre intention, pour le moment, d'entrer dans l'examen détaillé du contrat de la nouvelle Banque et de montrer combien peu il a été tenu compte des desiderata de l'opinion publique haïtienne. Cependant, il est important de faire quelques observations qui peuvent présenter une certaine utilité, même sous l'administration aetuelle.

L'article 2 des statuts dit que la Société prend la dénomination de : Banque Nationale de la République d'Haïti. Cette dénomination lui est octroyée en vertu de l'acte de concession du Gouvernement d'Haïti, en son article 1er, et l'article 2 du même acte détermine que cette concession est faite pour cinquante années à partir du 25 octobre 1910.

Et alors comment comprend-on que l'article 4 des statuts de la « Banque Nationale de la République d'Haïti » déclare :

Article 4. — La Société aura une durée de soixante-quinze ans à partir de sa constitution définitive... ?

Voilà une dénomination « Banque Nationale de la République d'Haïti » qui lui a été accordée en vertu d'une loi législative. Elle n'est sa propriété, dans les conditions prévues par cette loi, que pour cinquante ans. Cependant elle entend garder cette dénomination, cette marque de fabrique, qu'on ne lui a donnée que parce qu'elle est une banque d'Etat, au delà du terme fixé, soit vingt-cinq ans de plus. Si donc l'Etat haïtien, le contrat expiré, veut créer une autre institution, il ne pourra disposer de cette dénomination qui est pourtant sa propriété.

Il faut faire modifier cet article 4 des statuts, et le mettre en harmonie avec la loi. La loi ne peut pas dire cinquante ans et les statuts soixante-quinze. Au surplus, si on veut se référer à l'ancienne Banque, on trouvera que le décret qui l'institua et ses statuts étaient d'accord : tous deux disaient cinquante ans. Voilà maintenant que nous sommes forcés de l'invoquer comme une autorité...

On sait qu'invariablement la réponse de la Banque défunte fut. chaque fois qu'on la pressait de s'intéresser au développement économique du pays, que son capital appelé de 5 millions de francs ne lui permettait pas de voir plus loin que le service terre-à-terre de perception de nos recettes de douane. Durant trente ans le pays a souffert, en est presque mort, de cet état de choses. Et voilà que la nouvelle institution — qui pourtant reprend le beau programme financier de l'ancienne — ne nous apporte que ce même capital de 5 millions... Et, chose bizarre, tandis que l'ancienne avec ses 5 millions se contentait de 6,000 parts bénéficiaires, la nouvelle institution, avec le même capital versé de 5 millions, crée 20,000 parts bénéficiaires ! Il faudra rudement *travailler* la République pour qu'on arrive à faire face, avec ce capital réduit, à tous ces grands besoins financiers...

Il importe donc que dès à présent on ouvre une campagne pour forcer la Banque Nationale de la République d'Haïti à appeler l'intégralité de son capital nominal. Elle ne peut faire moins, si elle est sincère dans son désir de contribuer au relèvement du pays. Personne n'osera soutenir qu'elle peut quelque chose pour la prospérité d'Haïti avec ce triste capital. Elle ne fera pas mieux que l'ancienne Banque. Elle fera moins, surtout si on songe qu'elle est grevée de 20,000 parts bénéficiaires, lesquelles, à leur taux actuel de 100 francs, représentent près de la moitié du capital versé ! On conviendra que 20,000 parts bénéficiaires sur 5 millions de capital, c'est forcer la note.

Donc, il faut faire une campagne active, et sans relâche, pour arriver au versement intégral des 20 millions de francs.

On fait grand état de trois concessions que le nouvel établissement a consenties au pays, et on les célèbre, dans notre monde officiel, à peu près comme trois nouvelles capitulations de Rochambeau. Les voici dans l'ordre auquel elles se présentent d'après la loi votée :

1° L'article 6 entend que les statuts de la Banque contiendront une clause suivant laquelle la nomination du directeur, chargé de la gérance de l'établissement principal à Port-au-Prince, devra être immédiatement notifiée par le Conseil d'administration au Président de la République.

2° L'article 8 établit que la moitié des employés en Haïti devra être de nationalité haïtienne.

3° L'article 15 fixe le prêt statutaire à

avancer par la Banque à l'État au chiffre nominal de 3 millions de francs.

Tels sont les avantages que le pays a gagnés dans le nouveau contrat. Eh bien! il faut le constater avec tristesse, et même quelque ennui que l'on nous ait trouvés si faciles à contenter, ces avantages ne constituent en réalité que des leurres.

Il n'est pas vrai que la clause de l'article 6 permette au Gouvernement de refuser un directeur qui lui déplairait. Notification ne dit pas *veto*, ne sous-entend même pas objection. Cette rédaction, qui délimite la puissance de l'État, la limite au contraire. Il eût été mieux de ne rien stipuler, car alors restait debout, entier, le droit d'objection du Gouvernement contre un directeur qui n'aurait pas sa confiance. Mais, en réalité, la question n'est pas si importante qu'elle paraît de prime abord, car, en vérité, ce n'est pas là qu'il faudrait efficacement exercer son action. Le directeur à

Port-au-Prince, sauf de rares exceptions, ne peut que se soumettre aux ordres et instructions du Conseil d'administration représenté par le secrétaire général. Or, c'est à Paris même, au sein de ce Conseil, que l'action gouvernementale devrait s'exercer. Et c'est là qu'il aurait fallu, dans cette intention, armer un commissaire spécial du Gouvernement d'instructions nettement établies. Il n'est pas besoin de dire qu'on n'y a jamais songé.

Avec plus de force encore, s'il est possible, le qualificatif de leurre doit s'appliquer à l'article 8. En effet, on nous dit que la moitié des employés *en Haïti* (?) devra être de nationalité haïtienne. Mais quels emplois leur donnera-t-on ? Soyez assuré que dans cette moitié réservée, s'il en est deux ou trois qui occuperont des charges convenables, le reste sera compteur, hoqueton, balayeur de bureau. Ainsi voilà une Banque qui, fondée en totalité avec une des portions du bénéfice réalisé sur le crédit national dans l'emprunt de 65 millions, ne réservera que des places inférieures à nos compatriotes, des places qu'elle ne pourrait, du reste, remplir autrement. Cessez donc de nous dire que vous avez pris soin des intérêts nationaux. Cet argument fait effet dans un discours politique, mais ne soutient pas la discussion.

En ce qui a trait à l'article 15, je sais bien que l'ancien Gouvernement avait insisté près de la Banque Nationale d'Haïti pour que le prêt statutaire fût porté à 600,000 dollars. Mais ce qui constituait à cette époque une nécessité n'en est plus une pour un Gouvernement qui vient de faire un emprunt extérieur de 65 millions. Que peuvent peser pour lui 3 millions de francs en face des intérêts généraux de la nation? Si l'augmentation du prêt statutaire nous a rendus coulants sur l'ensemble du contrat, ne faut-il pas le regretter amèrement? Selon toute probabilité, cette augmentation, loin d'être un avantage, ne constituera, en définitive, qu'une nouvelle charge au passif de la République.

Et puis une réflexion s'impose : l'ancienne Banque, aux demandes d'augmentation du prêt statutaire, avait toujours prétexté que son capital versé de 5 millions ne lui permettait pas de faire une avance plus forte. Or la nouvelle, avec le même capital de 5 millions, nous prête 3 millions. Que lui restera-t-il pour exécuter son vaste programme ? Que lui restera-t-il pour *développer le commerce, relever l'agriculture, créer enfin le mouvement industriel*, selon les termes du discours de son directeur ? Tout juste 2 millions. Ce n'est guère, et c'est encore une raison pour demander qu'on se hâte d'appeler tout le capital nominal.

Pour le moment, nous n'irons pas plus loin dans l'analyse du contrat et des statuts de la Banque. Le mal, à jamais déplorable, est fait en ce qui concerne l'emprunt. De ce chef, il n'y a rien à espérer, les hirondelles, c'est-à-dire les bénéfices de l'opération, se sont envolées, et aucun printemps ne les rappellera. Il n'en est pas de même de la nouvelle institution. Elle existe, elle vit, elle veut vivre au moins cinquante ans — pas soixante-quinze. C'est une entité réelle et non une opération fluidique (pas pour l'Union Parisienne bien entendu) comme l'emprunt de 1910. Certes, il est indispensable que l'opinion — qui n'a pu présider à sa naissance — s'occupe de cet enfant hâtif, pour l'aider à vivre d'une vie confortable, humaine, dans ses intérêts et dans les nôtres. Mais en cette tâche il ne faut, ni de ce côté ni de celui du pouvoir, aucune intransigeance. L'intransigeance ne servirait à rien et serait absolument stérile, comme toujours.

VII

Ce livre n'est pas un livre de politique. Cependant la politique est si intimement mêlée à notre vie sociale, elle en est tellement la trame que je suis obligé, en dépit que j'en aie, de lui donner ici une certaine place. C'est avec une grande détresse que je la lui fais, forcé que je suis de constater encore une fois, selon un mot très souvent répété, que plus cela va, plus c'est la même chose.

Quand Salomon fonda la première Banque Nationale d'Haïti, il eut aussi à combattre de nombreuses oppositions. Une tentative insurrectionnelle même se manifesta à Saint-Marc au cri de : *A bas la Banque !* Il la réprima sans peine. Mais il n'avait fondé qu'une Banque, il n'avait pas doté en même temps la République d'un Emprunt extérieur de 65 millions et il n'y avait pas eu au 10 janvier des élections législatives conçues dans un plan tellement strict que si la veille il n'y avait pas d'électeurs inscrits sur les rôles, ni non plus aucun candidat connu, le lendemain pourtant, dans toute la République, les députés étaient élus avec une unanimité foudroyante... Salomon était autoritaire, d'un autoritarisme gradué, enclin aux dilutions. Sous lui, les listes dépassaient toujours à la capitale plusieurs milliers de votants. En province, elles étaient encore dans une moyenne respectable. Personne ne vous empêchait d'élaborer votre programme, de le faire imprimer dans les journaux, de le faire distribuer, d'avoir même des chefs' de *bouquement*... Heureux temps ! Nous n'avions que la façade de la liberté, car invariablement les candidats de l'Exécutif passaient d'un bout à l'autre du pays. Mais enfin cette façade donnait de l'illusion...

Déjà une certaine séance du Sénat, le 25 octobre 1910, sur la politique intérieure du Gouvernement, avait causé un grand émoi, provoqué quelque malaise dans l'opinion publique. Jamais, ni sous Hyppolite, ni sous Nord Alexis, on n'avait entendu un organe de l'Exécutif s'exprimer avec une aussi véhémente crudité vis-à-vis d'un membre du Corps Législatif. « La police « suivra tout le monde, disait l'organe de « l'Exécutif, elle observera le respect dû à « un membre de l'Assemblée nationale, « mais aussi à l'occasion elle saura lui « mettre la main au collet comme à un « vulgaire conspirateur. »

La riposte avait été vive, à la hauteur de l'attaque. Mais le Sénat à l'unanimité, par un vote de confiance, avait donné tort au sénateur Cauvin, l'intéressé. Et le ministre avait conclu aux applaudissements de tous :

« Le Gouvernement a mis ses ennemis dans « l'impossibilité de lui nuire. »

Il est à présumer que plus tard, se souvenant de cette déclaration de principes, le sénateur Cauvin, le temps étant orageux au mois de février suivant, n'a pas été le dernier à se mettre à l'abri...

Trois causes ont déterminé l'insurrection qui en ce même mois a affligé le pays :

1° L'établissement de la nouvelle Banque d'Etat.

2° L'Emprunt extérieur.

3° Les élections du 10 janvier 1911.

On a assez longuement expliqué dans les pages qui précèdent comment le mécanisme de la nouvelle Banque et celui de l'Emprunt a pu mécontenter les populations. Cependant sur ce point les opinions peuvent être partagées. Elles sont unanimes sur les élections législatives et les plus chauds amis du régime actuel ont condamné la façon dont on les a menées. Il faudrait remonter aux temps impériaux de Faustin Ier pour trouver leur pendant... Qu'on ne croie pas cependant que le mode de ces élections soit la condamnation sans appel de la Chambre nouvelle. L'arrêt serait prématuré et pourrait donner lieu à une grave erreur. On ne sait jamais avec les corps délibérants. Celui-ci peut, pour le bien de la nation, et même à cause de son origine, être une assemblée parfaitement respectable, ayant conscience de ses devoirs et de ses responsabilités. Elle n'aurait que plus de mérite. Souhaitons-le sincèrement pour le Gouvernement et le pays.

Cette sorte de vie nationale, composée de révoltes, de fusillades, de représailles, que nous avons adoptée depuis un siècle est certainement épouvantable. On comprend sans peine que chaque chef d'Etat haïtien, arrivé cependant par les mêmes moyens, s'empresse de la flétrir à son tour. Aussi bien a-t-on entendu au Corps législatif un ministre du général Antoine Simon, emporté par cette ardeur, déclarer que lorsqu'il prit les armes contre le général Nord Alexis il n'était plus son délégué. Il voulait établir par là qu'il n'avait pas trahi, qu'il n'avait pas à craindre les foudres de la justice immanente, c'est-à-dire en l'espèce d'être renversé par une révolution. C'était pousser loin la casuistique officielle. Cette justice immanente est enracinée dans la prose nationale. On l'invoque sans cesse. Et c'est à croire vraiment qu'elle existe, car ses effets ont l'air d'être assez visibles. Nous conspirons, on conspire contre nous, nous tuons, on nous tue, et ceux qui nous ont tués sont tués à leur tour. Il n'y a pas de raison pour que cela finisse. C'est la vendetta haïtienne.

Au moment de jeter un coup d'œil sur les événements auxquels la révolte de Ouanaminthe a servi de prétexte, la réflexion qui vient naturellement à l'esprit est que l'on avait quelque droit de croire que les mêmes faits, tant reprochés naguère à nos gouvernants, ne se reproduiraient pas, et cette fois peut-être sans aucune circonstance atténuante. Or on les a revus, augmentés, aggravés. Faut-il en conclure que fatalement ils devront toujours se reproduire?

Cependant, toute notre Histoire démontre que cela n'aboutit à rien, que cela ne retarde pas la chute d'une heure si elle doit arriver, que bien plutôt cela la précipite. Alors, quoi ? nos gouvernants ne savent donc ni interroger, ni lire notre propre Histoire? C'est malheureusement ce qu'il faut conclure.

Il va de soi que le droit d'un Gouvernement de se défendre contre les révolutionnaires reste absolument intact. Mais un Gouvernement ne doit pas, dans une répression quelque méritée qu'elle soit, fournir à la morale publique de justes motifs de plainte. Une répression productive de paix peut parfois, malheureusement, être sanglante, jamais sanguinaire. Et c'est par-là que se perdit Nord Alexis.

VIII

Le 3 février 1911, le Président de la République annonçait dans une adresse au peuple que la ville de Ouanaminthe s'était soulevée. Il terminait ainsi :

« Que les familles se rassurent ! Que le « peuple qui m'a honoré de sa confiance en « m'appelant à la suprême magistrature de « l'État sache bien que, fidèle au serment « que j'ai prêté de défendre ses droits et de « me sacrifier pour le bien de mon pays, je « ne négligerai rien pour anéantir une entre- « prise aussi insensée que criminelle... Les « factieux seront châtiés ; la paix — mais « une paix durable — sera rétablie ; le pays

« continuera sa marche dans la voie du « progrès ou mon gouvernement l'a lancé « et le bien que je rêve pour Haïti sera « réalisé... »

Malgré ces assurances données aux familles, dès la nouvelle de la prise d'armes les citoyens étaient de toutes parts pourchassés et les consulats se remplissaient. Il faudrait de nombreuses pages pour citer les noms : presque tout Port-au-Prince se mit à l'abri sous pavillon étranger en attendant que ceux qui se croyaient le plus en danger pussent mettre la mer entre eux et l'autorité. On ne parlait que d'exécutions sommaires ordonnées la nuit dans les prisons. Chacun tremblait et ne songeait qu'à se garer. Tel fut instantanément l'effet de la prise d'armes de Ouanaminthe.

Dès la veille, le 2 février, un acte épouvantable se commettait : un citoyen, Charles Guignard, père de neuf enfants, venant de Petionville chercher de l'argent chez un né-

7

BIBLIOTHÈQUE NATIONALE R.F.

gociant de la place pour ses achats de café, était arrêté à quatre heures de l'après-midi, collé au mur du Bureau Central et fusillé. Le cadavre fut laissé tout l'après-midi, toute la nuit sur la terre rouge de sang. Il servit d'épouvantail, car à tous ceux qu'on arrêtait, — et ils étaient nombreux, les plus hauts et les plus marquants de la ville, — avant de les déposer en prison et aux fers, on le leur montrait :

— Voilà, leur disait-on, ce qui vous attend !

Naturellement, personne ne soufflait mot. Les journaux étaient muets. Ils ne donnaient les noms ni des prisonniers, ni des suppliciés. Un vent d'épouvante avait passé sur la ville et sur le pays. Pour consolation, durant ces jours terribles, on avait les pièces officielles...

Le 11 février, le général Jérémie, de son quartier général de Carice, s'écriait en un style fleuri :

ORDRE DU JOUR

Concitoyens,

Notre marche sur Carice a été encore une victoire.

Hier, à neuf heures du matin, nous quittions Cerca-la-Source pacifiée, pour entrer à midi vingt minutes au poste militaire de Lamielle, où nous attendaient des vivats frénétiques en l'honneur du Président Antoine Simon.

Nous avons eu le loisir d'adresser quelques paroles aux habitants réunis devant la Chapelle de Notre-Dame de l'Espérance, et nous avons fermé notre audience en leur donnant le conseil de ne plus détruire ces pins majestueux qui ornent leurs montagnes. Mais plus loin, nous devions respirer un air de combat.

L'herbe sèche pétillait, la forêt était en

feu. De Larose-Bonny à la rivière des « Ténèbres », nous avons constaté des postes à peine évacués par l'ennemi. Les rebelles avaient concentré toutes leurs forces à Carice pour mieux se défendre. Mais Carice fut emportée par l'aile droite du général Eliacin, commandée par le courageux général Charléus Charles.

Les femmes du bourg, dominées par la crainte de voir leur cité livrée à l'incendie et au massacre, se présentèrent devant nous, faisant flotter le mouchoir blanc. Le chargé du commandement de la place, quelques-uns de ses acolytes, pris les armes à la main, sont actuellement nos prisonniers.

Vallières, qui, hier matîn, avait envoyé auprès de nous une délégation pour protester de son dévouement, a renouvelé sa démarche le soir.

L'armée du Gouvernement est attendue, toutes les portes ouvertes.

Maintenant, le calme est rétabli ici, et dans trois heures nous serons au chef-lieu de l'arrondissement, où nous devons faire jonction avec le général en chef Plutarque Hercule. »

Le lendemain, le général S. Marius, dans un ordre du jour daté des Gonaïves, célébrait la prise de Ouanaminthe.

ORDRE DU JOUR

Au Peuple et à l'Armée,

Concitoyens,

Les nouvelles officielles qui me sont parvenues aujourd'hui, à trois heures du matin, attestent la défaite des brigands qui avaient osé, le 2 février courant, lever l'étendard de la rébellion contre le bon Droit, la Justice et la Liberté.

Ouanaminthe, leur repaire, a été enlevé d'assaut par les forces du Gouvernement. Grâces en soient rendues au Dieu Tout-Puissant, qui veille sur les destinées d'Haïti ! Il protégera toujours visiblement le Gouvernement de Son Excellence le Président Antoine Simon.

L'ennemi, acculé dans ses derniers retranchements, attaqua les troupes gouvernementales qui ont valeureusement nourri le feu pendant près d'une journée. Harcelés de toutes parts, les rebelles, affolés et désespérés, ont fui lâchement, laissant la ville embrasée par l'incendie qu'ils y ont allumé.

La Justice immanente en a déjà fixé les irrémissibles responsabilités.

Concitoyens, — Crions tous ensemble : Vive la paix publique ! — Vive l'Armée ! »

Dans nos guerres civiles, on ne se contente pas de tuer, on brûle généralement. Mais on ne sait jamais qui a brûlé : les insurgés disent que c'est le Gouvernement, le Gouvernement soutient que ce sont les insurgés. Un fait est toujours certain, c'est l'incendie de la ville et la ruine totale des malheureux concitoyens qui ont échappé à la fusillade. S'il y a parmi les victimes quelques étrangers, on s'empresse de les indemniser largement, mais rien pour les Haïtiens.

Enfin, le 13 février, dans une proclamation trop longue pour qu'on la donne ici, le général Antoine Simon lui-même annonçait que la paix était définitivement rétablie. Il s'écriait, dans un élan lyrique et guerrier :

« Ils (les révolutionnaires) auraient dû « avoir au moins la pudeur de taire le nom « de leur idole, devenu tristement célèbre « dans le pays depuis le fameux procès de « de la Consolidation. L'acte d'accusation « chante encore dans toutes les mémoires...

« Concitoyens, le Génie de la Patrie maudit la révolte de Ouanaminthe. Le Dieu « des Armées a béni mes constants efforts « pour le bien de mon pays en consacrant « le triomphe de mes armes. La Paix règne « sur tout le territoire haïtien... Dieu pro- « tège visiblement ceux à qui il a confié la

« destinée des peuples. Tous les insensés « qui essaieront de contrevenir à sa sainte « et puissante volonté seront anéantis. »

A cette assertion catégorique, peut-être pourrait-on objecter timidement que Dieu qui, selon l'orateur, *confie* la destinée des peuples n'a pas jusqu'ici trop visiblement protégé les chefs d'Etat haïtiens, puisque tous sont tombés, sans oublier le dernier en date, le général Nord Alexis. Cependant passons.

Constatons seulement que la paix est rétablie sur tout le territoire, selon la parole formelle du chef de l'Etat.

Que doit-il faire? Que va faire le régime qui, en maintes circonstances, a déclaré répudier le néfaste exemple des prédécesseurs? Il va assurément, conformant sa conduite à tous les engagements solennels antérieurement pris, ouvrir les prisons, rassurer les citoyens, garantir la sécurité à ceux qui sont cachés afin qu'ils rentrent chez eux, permettre aux exilés de regagner sans danger leurs foyers. Car le général Antoine Simon nous a dit, et pour ma part j'y croyais absolument, qu'il entendait inaugurer dans le pays une ère nouvelle de sécurité et de paix. L'occasion était inestimable de démontrer que cette parole n'était pas vaine. Il avait vaincu Ouanaminthe, il avait frappé par l'épée ceux qui s'étaient servis de l'épée. La répression avait pu être rude, mais il avait usé d'un droit dont à la rigueur il pouvait se réclamer. Certes, il ne faillira pas de prouver au monde entier que jamais sous son gouvernement on ne fusillera sommairement, la nuit, dans la complicité muette des ténèbres, avec toutes les horreurs, tous les raffinements qu'on se murmure à voix basse, et dont les parents des victimes se transmettront la tradition de génération en génération... On l'attend à cette sorte de pierre de touche de sa présidence. On verra alors si l'homme mettra vraiment sa conduite en rapport avec ses sermons de chaque dimanche.

On a vu, et cela est lamentable à dire, c'est plus triste encore qu'hier, sous tous les rapports... Hier on n'avait fait aucune promesse, on avait toujours dit qu'il fallait s'attendre au pire. On était prévenu. Cette fois c'est une douloureuse faillite morale qui scelle le sang versé.

Sous cette rubrique : **La terreur en Haïti**, les journaux de Paris, à la date du 21 février, publiaient ces brèves dépêches :

« New-York, 21 février. (*Par câble de notre correspondant particulier.*) — On annonce de Port-au-Prince, capitale de la République de Haïti, que le consul général britannique a fait savoir au ministère des affaires étrangères de Haïti qu'il est prêt à protester auprès des puissances étrangères, s'il est nécessaire, afin de faire cesser les assassinats de citoyens sous prétexte qu'ils sont coupables de délits politiques.

« Les troupes du Gouvernement ont, en effet, capturé à nouveau Ouanaminthe, et, après avoir brûlé et pillé la ville, en ont massacré les habitants. (*Le Journal*, 22 février 1911.)

Le Matin, 22 février 1911 :

« Le Gouvernement de Washington proteste contre les exécutions en masse ordonnées par le Gouvernement de Haïti ».

Voici ce qui s'était passé à Port-au-Prince. Dans la nuit du 16 au 17 février, l'autorité se montra soudainement très agitée. Obéissant à un mot d'ordre, tous les postes tirèrent des coups de fusil, à droite et à gauche, sur un invisible ennemi. Le lendemain le public apprit avec stupeur que vers les trois heures du matin environ le Gouvernement avait fait exécuter sommairement six individus qu'on avait tout simplement tirés de leur cachot pour les fusiller quelques pas plus loin. Ces malheureux étaient en prison

depuis le 2 février, et l'un, du nom de Henri Martin, l'était depuis plus de quatre mois pour un motif qui n'avait rien de politique. Dans son ordre du jour, le ministre de l'intérieur, portant le fait à la connaissance de la population, annonça que c'était une prise d'armes qui avait éclaté dans la nuit. Mais, ajoutait-il, « les fidèles lieute-
« nants du Gouvernement, toujours heu-
« reusement en éveil, en eurent vite raison :
« ces brigands ont été vigoureusement re-
« poussés et châtiés. Que les familles se
« rassurent ! »

Ce cri : *que les familles se rassurent !* était tout à fait de circonstance. Cependant il ne rassura personne, car personne ne comprit, en dépit de la parole gouvernementale, que ces six malheureux fusillés, depuis si longtemps en prison, avaient pu quitter leurs fers, sortir de leur cachot, opérer une prise d'armes, et revenir ensuite en prison pour se faire exécuter sommairement à trois heures du matin... Il y avait là un mystère que seule expliquait la politique nationale traditionnelle. L'ordre du jour du ministre de l'intérieur n'en était que la paraphrase pour l'histoire, telle que nous prétendons l'écrire.

On ne trouva le lendemain et les jours suivants ni dans les journaux, ni dans aucun écrit public, les noms (1) des six *brigands* qui osèrent cet audacieux coup de main à la capitale. Personne ne parla d'eux. Dans la nuit douloureuse, ils moururent sans écho, si ce n'est peut-être un muet, un inconscient appel à la justice immanente. Car, il ne faut pas l'oublier, tout le monde l'invoque, bien plutôt instinctivement et sans réfléchir que nous n'y avons pas toujours droit. Elle accourt néanmoins, sans se lasser, indistinctement vers tous ceux qui

(1) A part Henri Martin, les autres fusillés furent Normil Sambour, Larencul, Moncey Thézan, Théagène Cinéus et Ticaptain.

l'implorent, n'étant, au fond, que la Némésis insatiable qui se joue de nous, se moque de nous, ne veut que notre sang et nos larmes.

Ceux qui ont vécu les jours d'épouvante qui suivirent les exécutions sommaires de Port-au-Prince disent que jamais consternation ne fut plus grande. On s'approchait en tremblant. Chacun avait peur de chacun. Tout était morne et silencieux. La peur semblait sortir du sol même. On glissait dans une atmosphère de fantômes. J'ai vu cette atmosphère-là, hélas ! au 15 mars sous Nord Alexis. Pourquoi faut-il que moins de trois ans après on l'ait revue ? Et encore au 15 mars c'était plutôt la réprobation qui dominait, non la peur, car dès le lendemain les journaux critiquaient, désapprouvaient et condamnaient....

Ces douloureux événements n'eurent peut-être pas en Europe toute la répercussion qu'ils auraient dû avoir. La raison en est d'abord que les journaux locaux n'en purent souffler mot et que les lettres privées n'y firent que des allusions très discrètes. Si même le Gouvernement n'en avait parlé de la façon que l'on sait, aucun document, rien n'attesterait que dans la nuit du 16 au 17 février la ville de Port-au-Prince avait été le théâtre de ce drame sanglant. Les étrangers enfin qui seuls pouvaient donner des détails, ne s'en souciaient guère comme sous le précédent Gouvernement, le le nouveau passant pour leur être très ami. Mais la principale raison, celle qui vraiment a porté la presse en France, à Paris surtout, à ne pas trop appuyer sur ce drame, c'est que, à la même époque, l'emprunt Extérieur d'Haïti était lancé et les assises de la nouvelle Banque posées par l'Union Parisienne. On avait fait campagne en faveur de notre Gouvernement comme dévoué à l'influence française. On avait présenté les nouveaux contrats comme une victoire pour la France dont les capitaux allaient trouver chez nous un champ fructueux. Or, on ne fait plus nulle part de politique sentimentale. C'est la politique des intérêts qui domine partout. Là où le général Nord Alexis, taxé de xénophobie, n'obtint que l'injure et l'outrage, le général Antoine Simon, bénéficiant de la situation que les intérêts en jeu lui créaient, recueillit plutôt une indulgente complaisance.

Au surplus, le terrain au dehors n'avait pas été trop maladroitement préparé.... Le Gouvernement en faisant les frais d'une campagne soi-disant littéraire avait, en France, disposé quelques personnes à voir dans « *l'ère nouvelle* » une ère de civilisation, de poésie, et de culture intellectuelle où l'élément français devait trouver sa légitime prépondérance. Peut-être aussi les Haïtiens, à Paris, par scrupule patriotique, — et il faut les en féliciter — ne se soucièrent pas d'étaler à nouveau aux yeux de l'étranger leurs tares héréditaires. Toujours est-il que ce qui se passa chez nous ne fit pas, pour toutes ces causes — et surtout parce que les étrangers habitant le pays, qui seuls pouvaient l'écrire impunément, y avaient plutôt l'intérêt contraire — grand bruit à l'extérieur.

Les morts vont vite partout, et il semble qu'en Haïti ils aillent plus vite. On a vu, qu'en dehors du communiqué officiel, on sait peu de chose de ce qui s'est passé dans cette nuit lamentable du 16 février 1911, nuit qui est le pendant de celle du 15 mars 1908. Mais rien ne peut atténuer, pas plus hier qu'aujourd'hui, l'horreur de semblables événements. Et en dépit des bals, des fêtes à Port-au-Prince, et dans nos légations à l'étranger, pour se réjouir de la victoire, le souvenir de cette nuit-là demeurera ineffaçable.

Cependant la presse étrangère était bien

forcée de publier quelques nouvelles. Le 5 mars, *Le Journal*, de Paris, annonçait :

La terreur à Haïti.

Cap-Haïtien, 4 mars. — La ville est menacée de la famine parce que les paysans, effrayés, n'apportent aucune denrée. Les arrestations continuent ; les prisons regorgent de prisonniers ; ceux-ci sont enchaînés deux à deux.

Seuls les soldats et les étrangers sont autorisés à circuler dans les rues ; les civils restent cachés par crainte des représailles de la part du Gouvernement. »

En effet, le 19 février, le Gouvernement avait institué au Cap un conseil de guerre pour juger les auteurs et complices de la révolte de Ouanaminthe. Un des accusateurs militaires, selon l'arrêté, était « le général » Camille Léon. Le général Camille Léon venait d'être nommé député du peuple au 10 janvier dernier. On doit dire que quelques jours après cette nouvelle nomination d'accusateur militaire, il se démit pour cause de maladie de cette charge. Il eût été peut-être mieux inspiré si, restant à ce poste, il s'était levé, le jour des débats, pour requérir contre la peine de mort. Par là, tout en se faisant une enviable renommée, ce concitoyen eût rendu grand service à l'humanité, à son pays et à son chef.

Heureusement que la dépêche suivante vint calmer les inquiétudes qu'on pouvait avoir sur le sort des malheureux condamnés :

La terreur à Haïti.

Cap Haïtien, 1er avril. — Le tribunal militaire a condamné à mort vingt-quatre révolutionnaires.

Les consuls ont protesté contre toute idée d'exécution des condamnés. »

Cette infortunée ville du Cap, on n'a pas

besoin de le dire, avait autant souffert que Port-au-Prince. Comme le chef des insurgés y était domicilié, les exécutions, les arrestations, les emprisonnements n'épargnèrent pas ses habitants. La reconnaissance publique signale que, durant ces tristes journées, un noble prélat, monseigneur Kerzusan, fut admirable de dévouement, d'abnégation et de patiente charité. Il se consacra, sans relâche, sans une minute perdue à aucun autre soin, à solliciter en faveur des victimes. Il courut de porte en porte, de bureau en bureau, d'autorité à autorité, arrachant tantôt une grâce, tantôt un sursis, tantôt un retrait des fers, tantôt une promesse. Rien ne le rebuta. Et quand enfin, à force de sollicitations, de prières, il obtint qu'on cessât les exécutions, pour surveiller la parole donnée — car c'était surtout la nuit qu'il tremblait qu'on ne la violât — il se coucha bien des soirs devant la porte de la prison.

On est vraiment heureux de rendre témoignage à ce prélat. Il fut un homme dans la plus belle, dans la plus fière acception de ce mot, en compatissant aux souffrances de ses semblables, simplement et en véritable apôtre de la charité.

Quelques mois auparavant, le 17 décembre 1909, un autre prélat, coadjuteur à l'archevêché de Port-au-Prince, solennisait avec pompe le Gouvernement paternel du général Antoine Simon pour l'opposer à celui de son prédécesseur. Le journal *Le Nouvelliste* rapportait son discours en ces termes :

« Trois mots résumaient la situation en « 1908 : *l'exil, l'insécurité et la faim.*

« Il ne juge pas nécessaire de tracer ce « navrant tableau des fils éloignés de la « patrie commune : époux, frères loin des « foyers, entretenus par de pénibles sacri- « fices, la vente le plus souvent de ce qu'il « y a de plus précieux pour empêcher de

« mourir de faim. Des exilés à leur tour « donnant un spectacle peu consolant dans « leurs rapports mutuels, finissant par « subir maintes fois le mépris et le dédain « de l'indigène.

« L'insécurité ! C'était la seconde note « poignante de cette situation. Non, non, « déclare-t-il, il y a des douleurs trop « grandes pour les réveiller. La nuit comme « le jour, les familles étaient prises dans le « tourment et l'inquiétude.

« La faim ! Mais ce n'est pas une faim « quelconque, c'était la faim *homicide*. Il « y a des douleurs, redit-il, qu'il ne fait « pas bon de réveiller. On ne peut que « vraiment supplier Dieu pour ceux qui « l'ont tant offensé. La terre semblait, « d'un ordre du Ciel même, se refuser à « nourrir.

« 1908, ce fut la détresse.

« On a donc bien raison de venir aujour-

« d'hui implorer Dieu qui fit cesser cet état
« de choses.

« *Bienheureux*, disent les Livres Sacrés,
« ceux qui *sont doux, parce que le royaume*
« *des Cieux est à eux*. Il esquisse mainte-
« nant le régime de douceur que le général
« Simon a implanté dès son Gouverne-
« ment. Il n'y a plus d'exil. Depuis un an,
« les bras frémissants se sont tendus vers
« la mer et l'on s'est embrassé avec effu-
« sion en se retrouvant, on a versé des
« larmes, mais c'étaient des larmes de
« joie. »

Treize mois s'étaient à peine écoulés qu'on réveillait les citoyens dans la nuit pour aller les fusiller, que les bras frémissants se tendaient vers la mer après ceux qui partaient pour l'exil, qu'un prélat se couchait sur la pierre, devant la porte d'une prison, pour empêcher les exécutions sommaires... Mais ce n'était pas le prélat de la solennisation du 17 décembre 1909...

IX

Le 25 juillet 1909, M. Jérémie, ministre de l'Intérieur, au Palais National, en levant dans une réception sa coupe de champagne, s'exprimait ainsi :

« Messieurs, je n'étais pas des habitués
« des audiences présidentielles. Des amis
« m'en avait parlé et m'exhortaient d'y
« assister. Je venais parfois, je les lisais
« avec intérêt. Après avoir entendu le Pré-
« sident aujourd'hui, j'estime que tous
« nous devrions être de ces audiences .. »

L'invitation de cet homme d'Etat était bonne à retenir, surtout en ce qui fait le sujet de ce travail. Si on ne peut entendre le Président de la République, on peut du moins avoir grand intérêt à le relire. Il est, chacun le sait, profondément croyant. Et, toute croyance sincère devant être respectée, ce n'est pas nous qui l'en blâmerions. Il dit sans cesse à ses soldats : « Marchez avec le Saint-Esprit. Communiez. « Honorez Dieu pour qu'il vous aide à « sauver le pays. »

Il a fait élever une chapelle catholique dans la cour du Palais National, pour entendre la messe chaque matin (1), et pour léguer ce pieux exemple à ses successeurs. Le 12 mars 1911, aux différentes délégations le félicitant de sa victoire de Ouanaminthe, il a dit : « D'une main, je faisais le signe de la croix, de l'autre je tenais l'étoupille du canon ». Belle image qui a tout de même le tort de retarder de quelques siècles,

(1) « Soldats, s'écrie-t-il notamment dans son allocution du 9 mars 1909, n'ayez d'autre devise que Dieu, votre Pays et votre Chef... Vous êtes les enfants de la grande armée de Dieu...! Je vous exhorte, au besoin, je vous ordonne d'assister à la messe tous les dimanches... Vous avez comme moi une âme à garantir du péché, à maintenir dans le bien. »

ou tout au moins, pour nous autres Haïtiens, de nous ramener à Toussaint-Louverture, abstraction de son génie, bien entendu. Cependant, il semble que ni l'édification de la chapelle, ni les sermons dominicaux incessants du Président n'arrivent à retenir le peuple aux pieds des autels, si on en juge par la lettre pastorale de Mgr Morice, à propos de l'incendie des Cayes (1).

Plus que jamais il mêle, semble-t-il, aux pratiques du catholicisme celles d'un fétichisme de jour en jour plus ardent. Nos prêtres y perdent leur latin.

D'un autre côté, on pourrait trouver que le général Antoine Simon va un peu loin quand il affirme avec une force inébranlable que « son pouvoir vient de Dieu ». Jamais théocrate farouche ne poussa aussi avant l'exposé de sa doctrine que notre chef d'Etat dans son célèbre discours du

(1) Voir pièce O, à la fin du volume.

5 mars 1911 où, parlant à ses soldats, il s'écria : « L'autorité vient du Très-Haut. Qui y résiste périt. Nous en avons eu la preuve à Ouanaminthes où les blasphémateurs sont tombés victimes de leurs conseils pernicieux. » — C'est du Louis XIV ou du plus pur Guillaume II. Mais Guillaume a été obligé de se rétracter par l'organe de son chancelier, et de reconnaître que la Constitution de l'Etat est bien pour quelque chose dans son pouvoir. Peut-être se trouvera-il dans les Chambres haïtiennes quelqu'un pour le rappeler aussi à notre Président. En attendant, le voilà presque cousin du féodal Guillaume II qui naguère nous traita, nègres et mulâtres d'Haïti, de sauvages légèrement teintés de civilisation.....

Mais là n'est pas pour l'instant la question. On ne veut chercher en ce moment dans les discours du général Antoine Simon que ce qui pouvait donner confiance en un *présent* qui ne serait plus la continuation du *passé*.....

Le dimanche 24 janvier 1909, le général s'écriait au Palais National :

« Je ne ferai jamais d'exécutions sommaires, cela signifie que je ne prendrai pas quelqu'un pour aller le fusiller..... Je le jure ! »

(*Le Nouvelliste*, du 25 janvier 1909.)

Le 11 juillet suivant, il confirmait ce serment en ces termes :

« J'ai proclamé que jamais je ne fusillerai sommairement. Creusez ma fosse, couchez-moi en joue, je préférerai la mort plutôt que de commettre un tel crime... La Constitution abolit la peine de mort pour cause politique... Tout le cours de mon septennat, la Constitution sera fidèlement respectée. »

(*Le Nouvelliste* du 13 juillet 1909).

Le 7 septembre suivant, il ajoutait :

« Tous nos manifestes révolutionnaires

ont toujours chanté le saint mot de « *Liberté* ». Mais après le triomphe vous savez ce qui est advenu !... Je suis dans la bonne voie, je n'en sortirai pas, en dépit des éléments contraires... Le Christ ne fut pas envoyé sur la terre pour être craint, mais comme le Rédempteur.

(*Le Nouvelliste* du 7 septembre 1909).

Le 26 décembre de la même année pour solenniser l'inauguration de l'Ecole des Officiers de Police — car nous possédons, d'après le *Moniteur*, une Ecole des Officiers de Police où, selon les termes mêmes du Président, on leur apprend à ne « jamais frapper » — celui-ci s'écriait :

« J'ai crié : Liberté et Justice ! Elles doivent être pour tous sans distinction et non pour les uns au détriment des autres... Oui, Liberté et Justice ! mais la liberté étendue à tout le monde sans écouter nos haines ou nos sympathies ; justice égale pour tous, faibles comme forts !... Le plus grand trouble que nous ayons, en somme, réside dans la violation des droits ».

(*Le Nouvelliste* du 28 décembre 1909.)

Le 10 avril 1910, même force, même affirmation dans les éternels principes de Justice et de Liberté. Le général Antoine Simon s'écrie encore une fois :

« Non, nous ne devons plus revivre ces époques néfastes. Plus de prison, plus de fusillade ! Je me sens fort sans ces moyens barbares. Ma force est en Dieu, dans le sentiment de justice.

(*Le Nouvelliste* du 12 avril 1910.)

Le 10 octobre 1910, dépouillant tout à fait le ton officiel pour prendre celui de l'évangélisateur, le général s'exprimait ainsi :

« Mes frères, Haïti est entré dans une
« phase nouvelle : celle de la crainte de
« Dieu, de l'horreur du Mal. Pour devenir

« heureux, il faut considérer avant tout la « parole de Dieu... Pour fortifier votre « jugement et votre volonté de bien faire, « il faut vous modeler sur les élus du ciel, « sur vos saints patrons. C'est pourquoi, « vous considérant, mes amis, comme mes « enfants....., je vais procéder avec vous « comme avec les miens. Cette enfant, une « de mes filles, va nous lire la vie de mon « patron : SAINT FRANÇOIS BOGIA.

« Comme mon saint patron, je veux « rallier tous les cœurs et me consacrer au « bonheur de mon prochain, sous l'égide « de la Religion, dont le culte doit primer « dans tout le pays..... Tout pouvoir vient « de Dieu ! »

(*Le Nouvelliste* du 11 octobre 1910.)

Mais assez de citations. Sous la chaude invite de M. Jérémie, ministre de l'Intérieur, nous avons été amené à relire ces discours. Malheureusement, ils constatent en regard des faits, la faillite des plus solennelles affirmations. Ces affirmations non seulement reposaient sur la parole du chef de l'Etat, mais encore sur sa foi religieuse. Il a suffi d'une épreuve — la prise de Ouanaminthe, pour les faire crouler lamentablement. Il semble que Dieu, si souvent invoqué, ait voulu éprouver *son fidèle serviteur*.....

A quelque point de vue qu'on se place, la lecture de ces discours aura toujours la valeur d'un document. A part qu'ils font voir la mentalité spéciale en ce vingtième siècle du général Antoine Simon, ils établissent sans conteste, hélas ! qu'*aujourd'hui* n'a rien à envier à *hier*.

J'en ai été pour ma part navré..... Car s'il en avait été autrement rien ne m'eût empêché de rendre le plus solennel, le plus éclatant hommage à l'homme qui, brisant notre moule barbare, relevait vraiment le pays aux yeux de l'étranger en mettant fermement la loi à la place de la représaille. L'ère nouvelle qu'il nous promettait aurait commencé, et ce ne serait que justice de marquer cette date mémorable.

X

Pour chercher une excuse à ce qui s'est passé, quelques-uns disent : « Nord Alexis a fait de même ». Qu'il ait fait de même ou pis, là n'est point la question. Ce n'était pas pour l'imiter qu'on l'a renversé. En tout cas, il n'a jamais tenu au Palais National les sermons dominicaux du général Antoine Simon. Il n'a jamais dit : « Creusez ma fosse, descendez-moi là-dedans, mais je ne fusillerai pas ! » Il a, tout au contraire, chaque jour déclaré : « Prenez garde ! Je serai impitoyable ! » On était donc en droit d'espérer que ce qui s'était vu ne se reverrait plus.

Que si à ce que j'écris ici on riposte par le mensonge, l'injure, la calomnie, par les petites ficelles d'usage contre un soi-disant mal pensant, le contraire m'eût étonné plutôt. Mais je réponds d'avance que cela n'empêchera pas que des exécutions sommaires n'aient eu lieu dans la nuit du 16 février à Port-au-Prince.

Quoi qu'on puisse faire et dire, au surplus, un fait témoignera de ma sincérité absolue. C'est que je suis contre toute révolution, conspiration, ou manifestation armée, parce que je n'y vois rien de bon pour mon pays. J'y vois plutôt essentiellement l'aggravation de ses maux. En dehors de cette considération, je pense aussi que notre petit Etat doit fatalement trouver là la perte de son autonomie. Il y en a qui croient que ce sera la fin de ses maux. Je ne suis pas de ces désespérés. Je crois qu'il faut lutter, lutter même sans espoir. Or, des révolutions rendraient, de nos jours, ce malheur de plus en plus inévitable, grâce à nos voisins qui, pour leur profit, ont décrété ce dogme de la paix américaine comme jadis Rome avait proclamé la paix romaine..... A moins que les révolutionnaires haïtiens s'arrangent, de façon ou d'autre, pour aller très vite en besogne, je ne vois pas comment ils ne compromettraient pas l'indépendance de leur pays. Les longues guerres civiles y sont donc désormais impossibles. Le général Antoine Simon a, du reste, établi dans sa propre prise d'armes contre Nord Alexis, un maximum qui ne saurait être sans danger dépassé : c'est celui de quinze jours. S'ils allaient au delà, nos révolutionnaires doivent craindre une nouvelle application, à leur détriment, de la fable de l'*Huître et des Plaideurs*.....

Cette répulsion contre toute révolution m'entraîne irrésistiblement à souhaiter que nos gouvernants se consolident en vue de l'avenir d'Haïti. Or, l'expérience l'établit, ils se discréditent, s'affaiblissent, et tombent misérablement en versant arbitrairement le sang. Il n'y a pas de raison plausible pour croire que les morts de cette catégorie ne laissent pas d'héritiers. Et si dans la vie civile on voit quelquefois des successions vacantes, par contre il ne s'en trouve jamais dans la vie politique. Là on ne connaît pas de degrés successoraux, car tout le monde peut revendiquer. C'est ce que nous appelons dans nos propos journaliers la justice immanente : elle n'est, en somme, que la représaille indéfinie.

Le 11 mars 1911, après la campagne de Ouanaminthe, la Commission, à laquelle le général Antoine Simon avait confié la garde de son Palais, lui décernait par l'organe de son président, le titre nouveau de : GRAND AVARE DU SANG HAÏTIEN !

Il faut espérer que, dans l'avenir, cette antiphrase deviendra une réalité. C'est le meilleur souhait que je puisse faire et pour mon pays et pour son chef.

XI

Je veux espérer aussi pour revenir à l'objet de ce livre, que, en dépit de son coûteux baptistaire, la Banque Nationale de la République d'Haïti, dans une combinaison sage des leçons du passé et des nécessités de l'avenir, donnera complète satisfaction à l'opinion publique. Elle a coûté extraordinairement plus cher au pays que la banque de Salomon, car cette fois nous avons été plus jobards encore que dans le passé et nos hommes d'Etat, peu pourvus d'idées générales, semblent avoir été absolument dépourvus d'idées spéciales en la matière... Cependant rien n'empêche que, même dans les conditions où elle a été créée, elle ne fasse quelque bien, si elle le veut. Mais pour qu'elle soit tentée d'entrer dans cette voie, il est indispensable qu'elle se convainc que nous la connaissons dans tous ses ressorts, dans tous ses rouages, et que surtout nous la suivrons attentivement dans sa pratique courante. Son contrat, nul ne peut le mettre en doute, aurait pu être fait beaucoup plus à l'avantage du peuple haïtien. Mais tel quel il doit être scrupuleusement exécuté non pas seulement dans sa lettre, mais surtout dans son esprit. Or, cet esprit, attesté par trente années de lutte contre l'ancienne Banque n'a pas varié : il veut le développement économique du pays.

Espérons que cette attente ne sera pas frustrée. Espérons que ce ne sera pas pour changer notre ancien cheval borgne contre un cheval aveugle, selon le dicton vulgaire, que nous aurons versé au baptême de la Banque Nationale de la République d'Haïti près de 12 millions de francs prélevés, en faveur des intéressés, sur l'emprunt de 1910.

Paris, ce 15 avril 1911.

ANNEXES

ANNEXES

Pièces A

LIBERTÉ. — EGALITÉ. — FRATERNITÉ.
RÉPUBLIQUE D'HAITI

LOI

FRANÇOIS-ANTOINE SIMON,
PRÉSIDENT DE LA RÉPUBLIQUE.

Vu l'article 69 de la Constitution ;

Vu le contrat passé entre le secrétaire d'Etat intérimaire aux départements des finances et du commerce et la Banque Nationale d'Haïti pour la résiliation du contrat de Convention en faveur de cette dernière ;

A proposé,

Et le Corps législatif a voté la loi suivante :

Art. 1er. — Est et demeure sanctionnée la

Convention passée entre le secrétaire d'Etat intérimaire aux départements des finances et du commerce et la Banque Nationale d'Haïti pour la résiliation du contrat conclu entre les parties le 30 juillet 1880 et sanctionné par décret de l'Assemblée nationale d'Haïti le 10 septembre 1880, avec les modifications ci-après portées au cinquième paragraphe dudit contrat et aux articles 2 (§ *d*), 3 et 4 :

Cinquième paragraphe du protocole : « Agissant pour et au nom de ladite Banque Nationale d'Haïti, Société anonyme au capital de *dix millions de francs*, ayant son siège social à Paris, en vertu de l'autorisation spéciale donnée par le Conseil d'administration, laquelle autorisation spéciale est contenue dans la procuration reçue par Me Bossy, notaire à Paris, le 30 juillet 1910, dont le brevet dûment légalisé et enregistré à Port-au-Prince le 3 septembre courant, folios 577 et 578, v° case 2463 du registre Y, n° 3, des actes civils, est demeuré ci-annexé après avoir été certifié véritable par M. Santallier. »

Art. 2, § *d*. — Le Gouvernement d'Haïti se reconnaît débiteur envers la Banque Nationale d'Haïti des sommes et valeurs suivantes :

« Pour intérêts et solde de la commission de

1/2 0/0 sur les opérations de la consolidation en conformité de l'article 9 du projet de convention en date du 24 avril 1905 : *cent vingt cinq mille francs* (125,000).

« Pour le prêt statutaire : $ 300,000.

« Intérêts et commissions sur ledit prêt, du 31 janvier 1904 au 30 septembre 1910 : $ 182,240.45.

« *Quatre cent quatre-vingt-deux mille cent quarante gourdes, quarante-cinq centimes.* »

« Quoique la Banque maintienne qu'elle ait le droit de réclamer le remboursement de cette somme en francs et au pair, les parties conviennent que la somme ci-dessus due par le Gouvernement d'Haïti à la Banque Nationale d'Haïti pour le règlement du prêt statutaire soit calculée à 2 *fr.* 50 *pour une gourde, soit* 1,205,601 *fr.* 15 (*un million deux cent cinq mille six cent un francs quinze centimes.*) »

« Art. 3. — Les valeurs ci-dessus seront payées à la Banque Nationale d'Haïti, pour compte du Gouvernement, par la Banque de l'Union Parisienne représentant auprès de ce Gouvernement MM. Hallgarten & C°, à New-York, MM. Ladenburg Thalmann & C°, à New-York, et la Berliner Handelsgesellschaft, à Berlin, laquelle Banque de l'Union Parisienne a assumé la direction des nouvelles opérations.

« Art. 4. — La Banque Nationale d'Haïti étant chargée, par contrats spéciaux, d'encaisser et de répartir les affectations destinées au service des dettes intérieures et extérieures, il demeure entendu, en attendant l'installation de la Banque Nationale de la République d'Haïti, que la Banque de l'Union Parisienne, représentant le groupe de capitalistes désigné en l'article précédent, prendra toutes mesures nécessaires pour continuer aux lieu et place de la Banque Nationale d'Haïti, ces encaissements et pour remiser régulièrement et périodiquement, d'office, à Paris, les recettes destinées au service des emprunts d'Haïti 1875 et 1896. »

Art. 2. — La présente loi abroge toutes lois ou dispositions de loi qui lui sont contraires. Elle sera exécutée à la diligence du secrétaire d'Etat des finances et du commerce.

Donné à la Chambre des représentants, le 26 septembre 1910, an 107e de l'Indépendance.

Le Président de la Chambre :
G. DESROSIERS.

Les Secrétaires :
DENIS SAINT-AUDE, Dr L. CAMILLE.

Donné à la Maison nationale, à Port-au-Prince, le 21 octobre 1910, an 107e de l'Indépendance.

Le Président du Sénat : F.-P. PAULIN.
Les Secrétaires : D. THÉODORE, CH. RÉGNIER.

AU NOM DE LA RÉPUBLIQUE

Le Président d'Haïti ordonne que la loi ci-dessus du Corps législatif soit revêtue du sceau de la République, imprimée, publiée et exécutée.

Donné au Palais National, à Port-au-Prince, le 25 octobre 1910, an 107e de l'Indépendance.

A.-T. SIMON.

Par le Président :
Le Secrétaire d'Etat des finances et du commerce par intérim :
S. MARIUS.

Le Secrétaire d'Etat de l'intérieur :
JÉRÉMIE.

Le Secrétaire d'Etat de l'instruction publique et des relations extérieures :
PÉTION-P. ANDRÉ.

Le Secrétaire d'Etat de la justice et des cultes :
ARTEAUD.

Le Secrétaire d'Etat des travaux publics et de l'agriculture :
MURAT CLAUDE.

CONTRAT DE RÉSILIATION

ENTRE

LA BANQUE NATIONALE D'HAITI

ET LE GOUVERNEMENT D'HAITI

Par-devant Me Elie-Emmanuel Suirad-Villard et son collègue, notaires à Port-au-Prince (Haïti), soussignés,

Ont comparu :

M. le général Septimus Marius, secrétaire d'Etat intérimaire des finances de la République d'Haïti,

Agissant pour et au nom de l'Etat d'Haïti et sous la réserve de la sanction du Corps législatif, en vertu de l'autorisation du conseil des secrétaires d'Etat donnée à la séance du 24 août dernier, dont un extrait signé du secrétaire du conseil et enregistré à Port-au-Prince le 3 septembre courant, folios 577 et 578, v° case 2464 du registre Y, n° 3, des actes civils, est demeuré ci-annexé, après avoir été certifié véritable par M. le ministre Marius, d'une part ;

Et, d'autre part, M. Paul Santallier, directeur du principal établissement de la Banque Nationale d'Haïti, à Port-au-Prince,

Agissant pour et au nom de ladite Banque Nationale d'Haïti, Société anonyme au capital de 10 millions de francs, ayant son siège social à Paris, en vertu de l'autorisation spéciale donnée par le Conseil d'administration, sous la réserve de l'aprobation de l'assemblée générale extraordinaire des actionnaires que le Conseil d'administration s'engage à convoquer sans retard, laquelle autorisation spéciale est contenue dans la procuration reçue par Me Bossy, notaire à Paris, le 30 juillet 1910, dont le brevet dûment légalisé et enregistré à Port-au-Prince, le 3 septembre courant, folios 577 et 578, v° case 2463 du registre Y, n° 3, des actes civils, est demeuré ci-annexé, après avoir été certifié véritable par M. Santallier,

Il a été convenu et arrêté ce qui suit :

Art. 1er. — Aux termes de la convention signée à Paris, le 21 juillet dernier, entre MM. Thalmann & C°, banquiers, et M. Louis Ewald, président du Conseil d'administration de la Banque Nationale d'Haïti, pour la fondation d'une nouvelle Banque Nationale, laquelle convention a été ratifiée par le Conseil d'administration de la Banque et remise au Gouvernement haïtien par ses délégués, le Gouvernement demande à la Banque Nationale actuelle de consentir à la résiliation du contrat conclu entre les parties, le 30 juillet 1880, et sanctionné par décret de l'Assemblée nationale d'Haïti en date du 10 septembre 1880.

Art. 2. — La Banque Nationale d'Haïti accepte de faire l'abandon des droits et privilèges qui lui sont dévolus par le contrat susdit.

Cet abandon est fait aux conditions suivantes :

A) Le Gouvernement haïtien déclare renoncer de la façon la plus formelle et la plus expresse au bénéfice de toutes les condamnations prononcées en sa faveur par les tribunaux haïtiens contre la Banque Nationale d'Haïti. Il se désiste aussi, tant à la forme qu'au fond, de toutes les procédures entamées par lui contre ladite Banque et qui n'ont pas encore abouti à des décisions judiciaires.

B) De son côté, la Banque Nationale d'Haïti renonce à toutes les réclamations pour les pertes qu'elle prétend lui avoir été causées par le retrait du service de la trésorerie et pour commissions non payées, sauf en ce qui concerne la commission sur les opérations de la consolidation et règlement du prêt statutaire dont il est fait mention ci-après.

C) D'un commun accord, le Gouvernement d'Haïti et la Banque Nationale d'Haïti abandonnent tout droit de revendication future et se libèrent et déchargent mutuellement de toutes réclamations et responsabilités pour tous actes antérieurs à la signature des présentes, le Gouvernement donnant décharge à la Banque Nationale d'Haïti et celle-ci renonçant à toutes réclamations contre le Gouvernement d'Haïti pour le passé.

D) Le Gouvernement d'Haïti se reconnaît débiteur envers la Banque Nationale d'Haïti des sommes et valeurs suivantes :

1° Pour solde de la commission sur les opérations de la Consolidation en conformité de l'article 9 de l'acte de transaction en date du 24 avril 1905 se composant de :

a) En titres ou leur équivalent au cours du jour de la promulgation de la loi de sanction du présent contrat :

270 titres de la Dette convertie 2 1/2 0/0 (ancien 5 0/0), 12,905 dollars en Consolidés 1900 6 0/0 (ancien 12 0/0).

b) En espèces :

Intérêts non perçus sur ces titres de juin 1903 à juin 1910 :

12,855.90 dollars à 5 francs... Fr. 64.279 50
Soixante-quatre mille deux cent soixante-dix-neuf francs cinquante.

2° Pour le prêt statutuaire...P.	300.000 00
Intérêts et commissions sur le dit prêt du 31 janvier 1904 au 30 septembre 1910................	182.240 45
P.	482.240 45

Quatre cent quatre-vingt-deux mille deux cent quarante gourdes quarante-cinq centimes.

Quoique la Banque maintienne qu'elle ait le droit de réclamer le remboursement de cette somme en francs et au pair, les parties conviennent que la somme ci-dessus due par le Gouvernement d'Haïti à la Banque Nationale d'Haïti pour le règlement du prêt statutaire soit calculée à 2 fr. 50 pour une gourde, soit 1,205,601 fr. 15 (*un million deux cent cinq mille six cent un francs quinze centimes*).

Art. 3. — Les valeurs ci-dessus seront payées à la Banque Nationale d'Haïti pour compte du Gouvernement, par les nouveaux concessionnaires : 1° Banque de l'Union Parisienne à Paris qui a assumé la direction des nouvelles opérations ; et les autres participants : 2° MM. Hallgarten et C°, à New-York ; 3° MM. Ladenburg Thalmann et C°, à New-York ; 4° La Berliner Handelsgesellschaft, à Berlin, auxquels le Gouvernement d'Haïti donne simultanément la concession de la nouvelle Banque d'Etat.

Art. 4. — La Banque Nationale d'Haïti étant chargée, par contrats spéciaux, d'encaisser et de répartir les affectations destinées au services des Dettes intérieures et extérieures, il demeure entendu que les nouveaux concessionnaires prendront toutes mesures nécessaires pour continuer, aux lieu et place de la Banque Nationale d'Haïti, ces encaissements et pour remiser régulièrement et périodiquement, d'office, à Paris, les recettes destinées au service des Emprunts d'Haïti 1875 et 1896.

Art. 5. — Le présent contrat sera soumis le plus tôt possible à la ratification du Corps législatif et est exonéré de tous droits d'enregistrement.

Pour l'exécution des présentes les parties élisent domicile : le ministre intérimaire des finances d'Haïti au ministère des finances, et

M. Santallier ès qualité, à la Banque Nationale d'Haïti, rue du Magasin-de-l'Etat. Tous les actes généralement quelconques relatifs aux présentes pourront être signifiés aux domiciles élus. Dont acte.

Fait et passé à Port-au-Prince en notre étude ce jour 5 septembre 1910.

Et après lecture les parties ont signé avec nous notaires. Deux renvois en marge bons. Un mot rayé nul.

Ainsi signé en pareil endroit de la minute des présentes : S. Marius, Paul Santallier, Edmond Oriol, notaire ; Suirad Villard, notaire.

Ensuite est écrit : Enregistré à Port-au-Prince le 9 septembre 1910, folios 599 et 600, V° case 2554 du registre Y, N° 3, des actes civils. Perçu : droit fixe (gratis). Deux renvois bons, un mot rayé nul. *Le directeur principal de l'enregistrement*, par autorisation du directeur, signé François Mathon. Vu : Par autorisation du contrôleur, signé Cyrus Saurel.

Deux renvois en marge bons dans la présente expédition.

Collationné.

SUIRAD VILLARD, *notaire*.

Suivent les teneurs des annexes.

Le Conseil des secrétaires d'Etat, ratifiant l'accord intervenu à Paris entre MM. Thalmann et M. Louis Ewald, président du Conseil d'administration de la Banque Nationale d'Haïti, a, dans sa séance de ce jour, 24 août 1910, autorisé le secrétaire d'Etat intérimaire des finances à signer la convention par laquelle la Banque Nationale d'Haïti renonce à tous les privilèges découlant du contrat conclu entre les parties le 30 juillet 1880 et sanctionné le 10 septembre de la même année pour la création et l'exploitation de cet établissement.

Signé : JACOB SIMON.

Ensuite est écrit : Enregistré à Port-au-Prince le 3 septembre 1910, folios 577 et 578, V°, case 2464 du registre Y, N° 3, des actes civils. Perçu : droit fixe vingt-cinq centimes. *Le directeur principal de l'enregistrement*, par autorisation du directeur, signé François Mathon. Vu : Par autorisation du contrôleur, signé Cyrus Saurel.

D'un acte passé devant Me Bossy, notaire à Paris, substituant Me Dufour, son confrère aussi notaire à Paris, momentanément absent, le 30 juillet 1910, dûment légalisé et enregistré à Port-au-Prince, le 3 septembre courant, folios 577 et 578, V°, case 2463 du registre Y, N° 3, des actes civils et contenant mandat par M. Louis Ewald, président du Conseil d'administration de la Banque Nationale d'Haïti, ayant son siège social à Paris, rue de la Chaussée-d'Antin, n° 66, à M. Paul Santallier, directeur de la Banque Nationale d'Haïti à Port-au-Prince,

Il a été extrait littéralement ce qui suit :

M. Ewald, en sa qualité sus énoncée, donne à M. Paul Santallier, directeur de la Banque Nationale d'Haïti à Port-au-Prince, tous pouvoirs à l'effet de, pour et au nom de la Société anonyme dite Banque Nationale d'Haïti,

Faire avec le Gouvernement d'Haïti ou toute Société ou personnes intéressées, toutes conventions ayant pour but d'arriver à la réalisation de l'arrangement énoncé en l'exposé qui précède dans les termes précis dans lesquels il a été prévu.

Aux effets ci-dessus, passer et signer tous actes, procès-verbaux et pièces quelconques, élire domicile et généralement faire le nécessaire. Dont acte.

Il est ainsi dans l'original et le brevet des

pièces ci-dessus transcrites, étant en la possession de Me Suirad Villard, notaire, soussigné.

SUIRAD VILLARD, *notaire.*

Pour copie conforme :

Le Secrétaire-archiviste
de la Chambre des représentants :
C. GANTIER, *avocat.*

Le Secrétaire archiviste du Sénat,
R. DUPLESSIS.

Pièces B

LIBERTÉ ÉGALITÉ FRATERNITÉ

RÉPUBLIQUE D'HAITI

LOI

FRANÇOIS ANTOINE SIMON,
PRÉSIDENT DE LA RÉPUBLIQUE

Vu le contrant passé entre le secrétaire d'Etat intérimaire aux départements des finances et du commerce et la Banque de l'Union Parisienne, représentée par M. Georges Yver de la Buchollerie, MM. Ladenburg Thalmann et C°, MM. Hallgarten et C°, la Berliner Handelsgesellschaft, ces trois dernières maisons représentées par M. le docteur L. Treitel, associé de la maison Hallgarten et C°, pour la création d'une Banque d'Etat, sous le titre de « Banque Nationale de la République d'Haïti ».

Sur le rapport du secrétaire d'Etat des finances et du commerce,

Et de l'avis du conseil des secrétaires d'Etat,

A proposé :

Et le Corps législatif a voté la loi suivante :

Article premier. — Est et demeure sanctionné, avec les modifications ci-après portées aux articles 2, 6, 8, 9, 10, 12, 13 et 15, l'addition d'un nouvel article qui prend le numéro 16, et aux articles 16 devenu 17, 17 devenu 18, 19 devenu 20, 21 devenu 22 et 22 devenu 23, le contrat passé entre le secrétaire d'Etat intérimaire aux départements des finances et du commerce et les capitalistes ci-dessus désignés pour la concession à la Banque de l'Union Parisienne du privilège de la création et de l'exploitation d'une Banque d'Etat sous la dénomination de « Banque Nationale de la République d'Haïti » :

« Art. 2. — Cette concession est faite pour cinquante années à partir du jour de la promulgation de la loi de sanction de ce contrat. Une année avant l'expiration de la concession le Gouvernement d'Haïti et la Banque Nationale de la République d'Haïti auront la faculté de dénoncer leur intention de dissoudre la Banque. Le Gouvernement aura, dans ce cas, au moment de la dénonciation, à payer à la Banque tout ce qu'il pourra lui devoir en capital, intérêts et commissions. Ce remboursement aura lieu en francs et au pair.

La Banque, de son côté, devra liquider toutes ses dettes et retirer les billets en circulation en les remboursant en monnaie de bon aloi, ayant cours légal. Après l'expiration d'un délai de deux ans, la valeur des billets qui n'auraient pas été présentés au remboursement appartiendra à la Banque.

Dans le cas où une année avant l'expiration de la concession le Gouvernement ou la Banque ne manifesteraient pas l'intention de résilier le présent contrat, celle-ci continuerait de droit à exister pendant une nouvelle période de douze années et ainsi de suite. Si le capital de la Banque venait par suite de pertes à être réduit de moitié, les administrateurs seront tenus de provoquer la réunion de l'Assemblée générale des actionnaires à l'effet de statuer sur la question de savoir s'il y a lieu de prononcer la dissolution de la Société ; si cette dissolution était prononcée, la Banque aurait le droit de renoncer, à n'importe quelle époque, à sa concession et de procéder à sa liquidation dans les conditions ci-dessus spécifiées.

En ce cas, le Gouvernement devrait, dans le délai de dix-huit mois à compter de la signification qui lui serait faite de la décision prise par la Banque, lui rembourser en francs et au pair tout ce qu'il pourrait lui devoir en capital, intérêts et commissions. »

« Art. 6. — La Banque sera administrée à Port-au-Prince par un ou plusieurs directeurs qui tiendront leurs pouvoirs et leurs délégations du Conseil d'administration.

Il est entendu que les statuts de la Banque Nationale de la République d'Haïti contiendront une clause suivant laquelle la nomination du directeur, chargé de la gérance de l'établissement principal à Port-au-Prince, devra être immédiatement notifiée par le Conseil d'administration au Président de la République. »

« Art. 8. — Le Gouvernement haïtien nommera près de la Banque un commissaire spécial, qui sera chargé de s'assurer de la stricte exécution des conditions de la concession et dont les attributions seront étendues au contrôle de toutes les opérations du service de la trésorerie. Le Gouvernement pourra également nommer un ou plusieurs commissaires adjoints et un commissaire spécial à Paris.

Les employés de la Banque seront nommés par le Conseil d'administration soit d'office, soit sur la proposition d'un directeur ; ils seront recrutés et admis à tous les degrés de la hiérarchie, sans distinction de nationalité et en ne tenant compte que des intérêts de la Banque et des aptitudes et qualités des employés pour les emplois auxquels ils seraient destinés. Il est entendu que la moitié des employés en Haïti devra être de nationalité haïtienne ; toutefois la Banque aura seul le choix de ces employés et réglera leurs attributions. Les employés haïtiens seront exempts du service militaire tant qu'ils feront partie du personnel de la Banque et les employés étrangers seront également exempts de l'impôt de licences et patentes sur employés. »

« Art. 9. — La Banque aura le privilège exclusif d'émettre des billets au porteur rembourssables en espèces à présentation. Ce remboursement pourra être demandé à l'établissement de Port-au-Prince et à toutes ses succursales et agences. Les succursales et agences paieront les billets à présentation dans la mesure de leurs disponibilités et bénéficieront d'un délai de quinze jours, pour les billets non remboursés, afin de pouvoir faire venir de l'établissement principal une provision suffisante. Ces billets considérés comme monnaie auront cours légal avec force libératoire illimitée, dans toute l'étendue de la République, et seront reçus dans toutes les caisses publiques. La Banque sera tenue de procéder à cette émission de billets aussitôt qu'il lui aura été justifié par le Gouvernement que ce dernier a retiré de la circulation la moitié au moins de son papier-monnaie existant actuellement, retrait qui devra être effectué au plus tard quinze mois après le commencement des opérations de la Banque. Le montant de cette émission sera d'une valeur équivalant au minimum à deux millions de dollars et au maximum à dix millions de dollars. Dans le cas d'augmentation du capital de la Banque, ce maximum pourra être élevé proportionnellement. Le Gouvernement devra retirer le solde de son papier-monnaie dans le délai maximum d'une année, après la première émission qui sera faite par la Banque de ses billets. »

« Art. 10. — Les billets de la Banque ne pourront être mis en circulation qu'après avoir été contrôlés, visés et signés par le commissaire spécial du Gouvernement attaché à la Banque et résidant à Port-au-Prince. Ils porteront en outre la signature de l'un des administrateurs de la Banque et d'un des directeurs de la Banque à Port-au-Prince. »

« Art. 12. — Dans le but de favoriser les transactions, en établissant la monnaie, le Gouvernement s'engage à établir dans le pays une unité de monnaie nationale à base d'or. A cet effet, il fixera la valeur et la quantité des monnaies divisionnaires jugées nécessaires au besoin de la circulation. La Banque sera chargée de l'émission de cette monnaie divisionnaire. Il fera frapper la monnaie nouvelle par la direction de la Monnaie à Paris et s'en servira pour retirer le papier-monnaie de l'Etat en circulation et éventuellement le nickel. En attendant, le Gouvernement conservera la faculté qu'il possède actuellement de retirer le papier-monnaie à l'aide d'or américain. Tous les détails de ces diverses opérations : établissement de l'unité nouvelle, fixation des coupures, circulation des monnaies étrangères, etc., feront l'objet d'une loi qui sera exécutoire dans le délai d'une année, après le commencement des opérations de la Banque et pour l'élaboration et l'application de laquelle la Banque devra donner tout son concours au Gouvernement. La Banque s'emploiera également de tout son pouvoir pour fairé admettre par l'Union latine la nouvelle monnaie nationale ainsi créée. »

« Art. 13. — A partir de l'établissement de la Banque et pendant toute la durée de la concession, le Gouvernement ne pourra émettre aucun papier-monnaie, ni monnaie fiduciaire, ni monnaie de nickel.

« Art. 15. — La Banque, en ce qui concerne le service de la trésorerie dont elle est chargée, est comptable de deniers publics et soumise au contrôle établi par le règlement dudit service, en attendant les modifications qui pourront, dans ce sens, être reconnues nécessaires et à établir entre le Gouvernement et la Banque, dès le fonctionnement de cette dernière.

« Néanmoins, les principes suivants sont d'ores et déjà arrêtés : pour le fonctionnement du service de la trésorerie, le Gouvernement donnera à la Banque, tous les ans, après son approbation par les Chambres, le budget soit ordinaire, soit extraordinaire du nouvel exercice. La Banque versera sur mandats du Gouvernement à tous les ayants droit, les montants mensuels ou autres qui correspondraient audit budget. La Banque acquittera ces mandats sur présentation au moyen des fonds de recette de l'Etat, non affectés à des services spéciaux, conformément aux notifications qui lui en seront faites par le Gouvernement. Les paiements ci-dessus prévus ne seront effectués que contre remise de mandats de paiement émanant du ministre des finances. Ces mandats couvriront valablement la responsabilité de la Banque et serviront de pièces de trésorerie dans l'établissement de ses comptes vis-à-vis de l'Etat. Si le montant des fonds disponibles appartenant à l'Etat ne suffit pas dans ces conditions au paiement des mandats qui seront présentés valablement à la Banque, cette dernière devra, sur ses ressources personnelles, avancer des fonds nécessaires à l'Etat pour le paiement desdits mandats jusqu'à concurrence d'un montant nominal de 3 millions de francs qui constitueront l'avance dite statutaire. » Cette « avance statutaire » sera frappée d'un intérêt calculé à raison d'un taux de 5 0/0 l'an. Le compte de l'avance statutaire totale ou partielle sera indiqué en capital et intérêts tous les quatre mois ; le solde pourra, moyennant une commission spéciale de 1/2 0/0, payable immédiatement, être porté à nouveau, sauf, en ce qui concerne les intérêts qui seront payés à la fin de chaque quadrumestre. La Banque devra, pour ses écritures diverses, posséder deux jeux de livres, l'un portant la marque : « Banque Nationale », pour ses écritures privées, l'autre celle de : « Banque Nationale, Gouvernement d'Haïti », pour les comptes et opérations des intéressés ; ce dernier livre devra rester soumis au contrôle du Gouvernement suivant nécessité. »

« Art. 16 (additionnel). — La Banque accepte de prêter son concours au Gouvernement pour l'établissement d'une convention budgétaire dont les bases seront arrêtées ultérieurement entre eux. »

« Art. 16, devenu 17. — En rémunération de ses services, la Banque prélèvera par le débit de l'Etat, au fur et à mesure des opérations, une commission de un pour cent (1 0/0) sur les encaissements et de un demi pour cent (1/2 0/0) sur les paiements à l'intérieur et à l'extérieur. Tous les frais et pertes de change pouvant résulter des mouvements de fonds à l'extérieur seront supportés de la même manière, sur justification, par l'Etat. Ces mouvements de fonds donneront lieu, en faveur de la Banque, à une commission supplémentaire de un demi pour cent (1/2 0/0) payable de suite. Si la pratique faisait ressortir ultérieurement la possibilité de régler forfaitairement les conditions de remise de fonds à l'étranger, une convention particulière pourra intervenir à cet égard entre le Gouvernement et la Banque. Les encaissements et les paiements de fonds s'effectueront au bureau de la Banque, soit dans son siège social, soit dans son établissement principal, soit dans ses succursales ou agences. Le mouvement des fonds pour les besoins du service courant de la trésorerie entre le siège de Port-au-Prince et ses succursales et agences sera effectué par la Banque sans frais de transport pour le Gouvernement.

« Les messages télégraphiques par voie terrestre relatifs au mouvement de fonds de la Banque seront admis en franchise par les bureaux de l'Etat et auront priorité de transmission sur les dépêches particulières. »

« Art. 17, devenu 18. — L'objet statutaire de la Banque sera également de faire toutes les opérations ordinaires d'une banque d'émission, de dépôts, de prêts, d'escomptes de prêts agricoles, toutes les opérations de banque en général et d'une institution de Caisse d'épargne. »

« Art. 19 devenu 20. — La Banque en tant que personne civile, jouira, pendant toute la durée de la concession, de tous les droits de citoyen d'Haïti. Elle pourra, en conséquence, contracter, acquérir et posséder des immeubles uniquement pour les besoins de son administration dans l'étendue du territoire d'Haïti, prendre inscription hypothécaire, exercer toutes poursuites judiciaires, défendre et généralement jouir de tous les droits accordés par la loi au citoyen de la République d'Haïti. En cas de liquidation de la Banque, comme à l'expiration de sa concession, la Banque devra réaliser ses immeubles en Haïti au cours de sa liquidation. »

« Art. 21, devenu 22. — Chaque mois, la Banque remettra au département des finances un état détaillé de sa situation afin d'être publié au *Moniteur officiel.* Chaque année, la Banque remettra également au même département son rapport annuel de l'exercice écoulé. »

« Art. 22, devenu 23. — Pendant toute la durée de la concession, le Gouvernement ne pourra autoriser aucun autre établissement, banque ou particulier, à jouir des privilèges ou prérogatives semblables à ceux concédés à la Banque et énoncés aux articles 9 et 14 du présent contrat. »

Art. 2. — La présente loi abroge toutes lois ou dispositions de loi qui lui seront contraires. Elle sera exécutée à la diligence du secrétaire d'Etat des finances et du commerce.

Donné au Palais de la Chambre des représentants, à Port-au-Prince, le 21 octobre 1910, an 107e de l'Indépendance.

Le Président de la Chambre :
G. Desrosiers.

Les Secrétaires :
Denis Saint-Aude, Dr L. Camille.

Donné à la Maison Nationale, à Port-au-Prince, le 21 octobre 1910, an 107e de l'Indépendance.

Le Président du Sénat :
F.-P. Paulin.

Les Secrétaires :
D. Théodore, Chs. Régnier.

AU NOM DE LA RÉPUBLIQUE

Le Président d'Haïti ordonne que la loi ci-dessus du Corps législatif soit revêtue du sceau de la République, imprimée, publiée et exécutée.

Donné au Palais National, à Port-au-Prince, le 25 octobre 1910, an 107e de l'Indépendance.

A.-T. SIMON.

Par le Président :

Le Secrétaire d'Etat de la guerre et de la marine chargé des départements des finances et du commerce :

S. MARIUS.

Le Secrétaire d'Etat de l'intérieur :

JÉRÉMIE.

Le Secrétaire d'Etat de l'instruction publique et des relations extérieures :

P.-P. ANDRÉ.

Le Secrétaire d'Etat de la justice et des cultes :

ARTEAUD.

Le Secrétaire d'Etat de l'agriculture et des travaux publics :

MURAT CLAUDE.

CONTRAT DE CONCESSION

PAR

L'ÉTAT D'HAITI A LA BANQUE DE L'UNION PARISIENNE

POUR UNE BANQUE D'ÉTAT

Par-devant Me Elie-Emanuel Suirad-Villard et son collègue, notaires à Port-au-Prince (Haïti), soussignés,

Ont comparu :

M. le général Septimus Marius, secrétaire d'Etat intérimaire des finances de la République d'Haïti,

Agissant pour et au nom de l'Etat d'Haïti en vertu de l'autorisation du conseil des secrétaires d'Etat donnée à la séance du 29 août dont un extrait signé du secrétaire du conseil et enregistré à Port-au-Prince, le 3 septembre courant, folios 577 et 578, v° case 2461 du registre Y, n° 3, des actes civils, est demeuré ci-annexé, après avoir été certifié véritable par M. le ministre Marius, d'une part ;

Et, d'autre part :

1° M. Georges Yver de La Buchollerie, demeurant à Paris,

Agissant pour et au nom de la Banque de l'Union Parisienne, Société anonyme française au capital de 60 millions de francs, ayant son siège social à Paris, 7, rue Chauchat, suivant la procuration de ladite Banque reçue par Me Léon-Félix Delapalme, notaire à Paris, le 28 juillet 1910, dont le brevet dûment légalisé et enregistré à Port-au-Prince, le 3 septembre 1910, folios 577 et 578, v° case 2450 du registre Y, n° 3, des actes civils, est demeuré ci-annexé après avoir été certifié véritable par le mandataire ;

2° M. le docteur Ludwig Treitel, demeurant à New-York (Etats-Unis d'Amérique du Nord),

Agissant d'abord comme associé de la maison de Banque Hallgarten & C°, de New-York, ayant la signature sociale de ladite maison, et aussi comme mandataire de MM. Ladenburg, Thalmann & C°, banquiers à New-York, et la Berliner Handelsgesellschaft, Société anonyme au capital de 110 millions de marks, ayant son siège social à Berlin (Allemagne).

Ces deux qualités de M. le docteur Ludwig Treitel sont attestées par un certificat délivré le 29 août dernier par M. Zimmerer, ministre plénipotentiaire et consul de l'empire d'Allemagne à Port-au-Prince, et portant la mention enregistré à Port-au-Prince, le 3 septembre courant, folios 577 et 578, v° case 2462 du registre Y, n° 3, des actes civils, et lequel certificat est demeuré ci-annexé après avoir été certifié véritable par M. le docteur Treitel.

La Banque de l'Union Parisienne, MM. Hallgarten & C°, MM. Ladenburg, Thalmann & C°, la Berliner Handelsgesellschaft, constituent un groupe de capitalistes qui sera, vis-à-vis du Gouvernement d'Haïti, représenté par la Banque de l'Union Parisienne. Sous la réserve de la sanction du Corps législatif haïtien, il a été convenu et arrêté ce qui suit entre le Gouvernement de la République d'Haïti dénommé aux présentes « Le Gouvernement et la Banque de l'Union Parisienne » :

Art. 1er. — Le Gouvernement accorde à la Banque de l'Union Parisienne, dans les conditions ci-dessus indiquées, le privilège de la création de l'exploitation d'une Banque d'Etat, sous le titre de « Banque Nationale de la République d'Haïti ».

Art. 2. — Cette concession est faite pour cinquante années à partir du jour de la promulgation de la loi de sanction de ce contrat. Une année avant l'expiration de la concession, le Gouvernement d'Haïti et la Banque Nationale de la République d'Haïti auront la faculté de dénoncer leur intention de dissoudre la Banque.

Le Gouvernement aura, dans ce cas, au moment de la dénonciation, à payer à la Banque tout ce qu'il pourra lui devoir en capital, intérêts et commissions. Ce remboursement aura lieu en francs et au pair. La Banque, de son côté, devra liquider toutes ses dettes et retirer les billets en circulation en les remboursant en monnaie de bon aloi ayant cours légal.

Après l'expiration d'un délai de deux ans, la valeur des billets qui n'auraient pas été présentés au remboursement appartiendra à la Banque. Dans le cas où, une année avant l'expiration de la concession, le Gouvernement ou la Banque ne manifesteraient pas l'intention de résilier le présent contrat, celle-ci continuerait de droit à exister pendant une nouvelle période de douze années et ainsi de suite. Si le capital de la Banque venait, par suite de pertes, à être réduit de moitié, les administrateurs seront tenus de provoquer la réunion de l'assemblée générale des actionnaires à l'effet de statuer sur la question de savoir s'il y a lieu de prononcer la dissolution de la Société ; si cette dissolution était prononcée, la Banque aurait le droit de renoncer, à n'importe quelle époque, à sa concession et de procéder à sa liquidation dans les conditions ci-dessus spécifiées.

En ce cas, le Gouvernement devrait, dans le délai d'une année à compter de la signification qui lui serait faite de la décision prise par la Banque, lui rembourser en francs et au pair tout ce qu'il pourrait lui devoir en capital, intérêts et commissions.

Dans le cas où la Banque, par suite de la perte de la moitié de son capital, userait de ce droit de renoncer à sa concession, elle n'aurait aucune indemnité à payer au Gouvernement.

Art. 3. — La Banque sera constituée en Société anonyme française, en conformité des lois françaises sur les Sociétés. Son siège social sera à Paris où se réunira son Conseil d'administration ; son établissement principal sera à Port-au-Prince. La Banque en se concertant avec le Gouvernement aura la faculté d'installer des succursales et agences partout où le besoin du service l'exigerait.

Art. 4. — La Banque de l'Union Parisienne est autorisée à apporter et elle apportera à la

Société dénommée Banque Nationale de la République d'Haïti, la présente concession avec tous ses droits et avantages, de même qu'avec toutes les obligations qu'elle comporte.

Art. 5. — Le capital de la Banque Nationale de la République d'Haïti sera de 20 millions de francs en 45,000 actions de 500 francs chacune, lesquelles devront, conformément à la loi française, être libérées d'un quart dès la constitution de la Banque, le solde devant être appelé au fur et à mesure du développement des affaires de la Banque suivant les prescriptions statutaires. Ce capital de 20 millions de francs pourra être augmenté en une ou plusieurs fois jusqu'à 60 millions si le développement des opérations de la Banque le rendait nécessaire.

Art. 6. — La Banque sera administrée à Port-au-Prince par un ou plusieurs directeurs qui tiendront leurs pouvoirs et leurs délégations du Conseil d'administration. Ce dernier établira les Statuts et le règlement d'administration intérieure de la Banque ; il notifiera à M. le Président de la République la nomination du directeur ou des directeurs deux mois avant leur arrivée en Haïti.

Art. 7. — Le Conseil d'administration aura également le pouvoir d'instituer un Comité local d'escompte auprès de la direction à Port-au-Prince. Ce Comité ne pourra s'occuper d'autres opérations que de celles d'escompte. Dans le cas où il ferait usage de cette faculté, il composera ce Comité comme il le décidera, en en choisissant les membres soit dans son sein, soit en dehors.

Art. 8. — Le Gouvernement haïtien nommera près de la Banque un commissaire spécial qui sera chargé de s'assurer de la stricte exécution des conditions de la concession et dont les attributions seront limitées au contrôle du service de la trésorerie. Le Gouvernement pourra également nommer un commissaire spécial à Paris. La Banque devra accorder une place dans le personnel aux éléments haïtiens ; un tiers au moins des emplois sera réservé à des employés de cette nationalité qui pourront être admis à tous les degrés de la hiérarchie ; toutefois la Banque aura seule le choix de ses employés et réglera leurs attributions. Ces employés seront exempts du service militaire tant qu'ils feront partie du personnel de la Banque, et les employés de nationalité étrangère seront également exempts de l'impôt de licences et patentes sur employés.

Art. 9. — La Banque aura le privilège exclusif d'émettre des billets au porteur remboursables en espèces à présentation. Ce remboursement ne pourra être demandé qu'à l'établissement de Port-au-Prince. Ces billets considérés comme monnaie auront cours légal avec force libératoire illimitée dans toute l'étendue de la République et seront reçus dans toutes les caisses publiques. La Banque sera tenue de procéder à cette émission de billets aussitôt qu'il lui aura été justifié par le Gouvernement que ce dernier a retiré de la circulation la moitié au moins de son papier-monnaie existant actuellement, retrait qui devra être effectué au plus tard quinze mois après le commencement des opérations de la Banque. Le montant de cette émission sera d'une valeur équivalente au minimum à deux millions de dollars et au maximum à six millions de dollars. Dans le cas d'augmentation du capital de la Banque, ce maximum pourra être élevé proportionnellement. Le Gouvernement devra retirer le solde de son papier-monnaie dans le délai maximum d'une année après la première émission qui sera faite par la Banque de ses billets.

Art. 10. — Les billets de la Banque ne pourront être mis en circulation qu'après avoir été visés et signés par le commissaire spécial du

Gouvernement attaché à la Banque et résidant à Port-au-Prince. Ils porteront en outre la signature de l'un des administrateurs de la Banque et de l'un des directeurs de la Banque à Port-au-Prince.

Art. 11. — La Banque devra avoir en caisse en métallique ou valeurs assimilées au métallique le tiers du montant des billets en circulation. Ces billets pourront être émis en coupures de une, deux, cinq, dix, vingt, cent et deux cents gourdes, toute latitude étant laissée à la Banque pour fixer la quantité de chacune de ces coupures. La valeur de la gourde sera ultérieurement déterminée lorsque sera établie l'unité de monnaie dont il est question à l'article 12 ci-après.

Art. 12. — Dans le but de favoriser les transactions en stabilisant la monnaie, le Gouvernement s'engage à établir dans le pays une unité de monnaie nationale à base d'or.

A cet effet, il fixera la valeur et la quantité de monnaies divisionnaires jugées nécessaires aux besoins de la circulation. La Banque sera chargée de l'émission de cette monnaie divisionnaire. Il fera frapper la monnaie nouvelle par la direction de la Monnaie à Paris et s'en servira pour retirer le papier-monnaie de l'Etat en circulation et éventuellement le nickel. En attendant, le Gouvernement conservera la faculté qu'il possède actuellement de retirer le papier-monnaie à l'aide d'or américain. Tous les détails de ces diverses opérations : établissement de l'unité nouvelle, fixation de la monnaie divisionnaire, condition de retrait du papier-monnaie, frappe de la monnaie nouvelle, fixation des coupures, circulation des monnaies étrangères, etc., feront l'objet d'un décret du Gouvernement pris après entente avec la Banque et qui devra intervenir et être mis à exécution dans le délai d'une année après le commencement des opérations de la Banque et pour l'élaboration et l'application duquel la Banque devra donner tout son concours au Gouvernement. La Banque s'emploiera également de tout son pouvoir pour faire admettre par l'Union latine la nouvelle monnaie nationale ainsi créée.

Art. 13. — A partir de la signature de ce contrat et pendant toute la durée de la concession, le Gouvernement ne pourra émettre aucun papier-monnaie, ni monnaie fiduciaire, ni monnaie de nickel.

Art. 14. — La Banque sera, à titre exclusif, chargée du service de la trésorerie de l'Etat tant à l'intérieur qu'à l'extérieur. A ce titre, elle recevra à l'encaissement toutes les sommes revenant à l'Etat, et notamment les droits de douane sur l'importation et sur l'exportation. De même elle effectuera, dans les limites indiquées à l'article 15 ci-après, tous les paiements pour le compte de l'Etat, y compris le service des intérêts et amortissements de la dette publique.

Art. 15. — Ce service général de paiement et d'encaissement sera l'objet d'un règlement d'administration publique à arrêter entre le Gouvernement et la Banque dès la fondation de cette dernière. Mais, d'ores et déjà, les principes suivants sont convenus : pour le fonctionnement du service de la trésorerie, le Gouvernement donnera à la Banque, tous les ans, après son approbation par les Chambres, le budget soit ordinaire, soit extraordinaire du nouvel exercice. La Banque versera sur mandats du Gouvernement à tous les ayants droit les montants mensuels ou autres qui correspondraient auxdits budgets. La Banque acquittera ces mandats sur présentation au moyen des fonds de recettes de l'Etat non affectés à des services spéciaux, conformément aux notifications qui lui en seront faites par le Gouvernement. Les paiements ci-dessus prévus ne seront effectués que contre remise de mandats de paiement émanant du ministre des finances. Ces mandats couvriront valablement la responsabilité de la Banque et serviront de pièces de trésorerie dans l'établissement de ses comptes vis-à-vis de l'Etat. Si le montant des fonds disponibles appartenant à l'Etat ne suffit pas dans ces conditions au paiement des mandats qui seront présentés valablement à la Banque, cette dernière devra, sur ses ressources personnelles, avancer les fonds nécessaires à l'Etat pour le paiement desdits mandats jusqu'à concurrence d'un montant nominal de 3 millions de francs qui constitueront l'avance dite « statutaire ». Cette avance statutaire sera frappée d'un intérêt calculé à raison d'un taux de 5 0/0 l'an. Le compte de l'avance statutaire totale ou partielle sera liquidé en capital et intérêts tous les quatre mois ; le solde pourra, moyennant une commission spéciale de 1/2 0/0 payable immédiatement, être reporté à nouveau, sauf en ce qui concerne les intérêts qui seront payés à la fin de chaque quadrimestre.

Art. 16. — En rémunération de ses services, la Banque prélèvera par le débit de l'Etat, au fur et à mesure des opérations, une commission de un pour cent (1 0/0) sur les encaissements et de un demi pour cent (1/2 0/0) sur les paiements à l'intérieur et à l'extérieur. Tous les frais et pertes de change pouvant résulter des mouvements de fonds à l'extérieur seront supportés de la même manière sur justification par l'Etat. Ces mouvements de fonds donneront lieu en faveur de la Banque à une commission supplémentaire de un demi pour cent (1/2 0/0) payable de suite. Si la pratique faisait ressortir ultérieurement la possibilité de régler forfaitairement les conditions de remise de fonds à l'étranger, une convention particulière pourra intervenir à cet égard entre le Gouvernement et la Banque. Les encaissements et les paiements de fonds s'effectueront aux bureaux de la Banque, soit dans son siège social, soit dans son établissement principal, soit dans ses succursales ou agences. Les messages télégraphiques par voie terrestre relatifs aux mouvements de fonds de la Banque seront admis en franchise par les bureaux de l'Etat et auront priorité de transmission sur les dépêches particulières.

Art. 17. — L'objet statutaire de la Banque sera également de faire toutes les opérations ordinaires d'une banque d'émission, de dépôts, de prêts et d'escompte, et toutes les opérations de la banque en général.

Art. 18. — La Banque recevra les consignations et les dépôts prescrits par l'autorité administrative et judiciaire après entente spéciale avec le Gouvernement.

Art. 19. — La Banque en tant que personne civile jouira pendant toute la durée de sa concession de tous les droits de citoyen d'Haïti. Elle pourra en conséquence contracter, acquérir et posséder des immeubles dans l'étendue du territoire d'Haïti, prendre inscription hypothécaire, exercer toutes poursuites judiciaires, défendre et généralement jouir de tous les droits accordés par la loi aux citoyens de la République d'Haïti. En cas de liquidation de la Banque, comme à l'expiration de sa concession, la Banque devra réaliser ses immeubles en Haïti au cours de sa liquidation.

Art. 20. — La Banque et ses succursales ou agences seront pendant la durée de la concession exemptes de tous droits de licences et de patentes existants ou à créer.

Art. 21. — Chaque mois, la Banque remettra au département des finances un état de situation afin d'être publié au *Moniteur Officiel*.

Art. 22. — Pendant toute la durée de la concession, le Gouvernement ne pourra autoriser aucun autre établissement, banque ou particulier, à jouir des privilèges et prérogatives semblables à ceux concédés à la Banque. Il devra protéger la Banque contre toute entreprise qui pourrait porter atteinte aux droits résultant à son profit du présent contrat. Il lui accordera également la protection indispensable à la sécurité de son établissement principal et de ses succursales ou agences.

Art. 23. — En cas de différend entre le Gouvernement et la Banque, la contestation sera soumise à Port-au-Prince à deux arbitres nommés l'un par le Gouvernement et l'autre par la Banque.

Ils devront rendre leur décision dans le délai de deux mois.

En cas de partage, lesdits arbitres ou, à leur défaut, la partie la plus diligente, seront tenus de s'adresser au Tribunal arbitral de La Haye, à l'effet de faire désigner par ce dernier un tiers arbitre, à moins que les deux premiers arbitres ne se soient mis d'accord sur le choix d'un tiers arbitre, et la décision du tiers arbitre est sans recours. Toute intervention diplomatique est formellement interdite.

Art. 24. — Toutes les contestations entre la Banque et les tiers, à l'occasion d'opérations faites dans l'étendue du territoire d'Haïti, seront jugées d'après les lois d'Haïti et les décisions des tribunaux appelés à les juger, seront exécutées conformément à ces mêmes lois, sans que la Banque puisse opposer aucune exception d'incompétence.

Toutes assignations, notifications et significations seront valablement faites au siège de la Banque à Port-au-Prince.

Art. 25. — Le fonctionnement de la Banque à Port-au-Prince devra, sauf dans le cas de force majeure, commencer dans le délai de six mois à dater du reçu de la notification officielle qui sera faite à la Banque de l'Union Parisienne de la promulgation de la loi de sanction de la concession. Le Gouvernement s'engage à présenter aux Chambres, dans le plus bref délai possible, la loi de sanction de ce contrat à laquelle sera annexé le texte du présent contrat. La publication au *Moniteur Officiel* de la loi et du contrat devra se faire immédiatement après le vote des Chambres. La promulgation avec, à l'appui, trois numéros du *Moniteur Officiel* certifiés conformes par le Gouvernement, devra être notifiée immédiatement au délégué de la Banque de l'Union Parisienne, à Port-au-Prince, laquelle Banque s'engage dans les deux mois qui suivront la réception de cette notification à Paris, à déposer, quitte de tous frais pour elle, soit à la légation d'Haïti à Paris, soit à la Banque de France, à son choix, un cautionnement de cent mille francs (100,000 francs) qui sera attribué à titre d'indemnité au Gouvernement d'Haïti, si par le fait de la Banque de l'Union Parisienne la Banque n'était pas constituée dans les délais ci-dessus impartis. Ledit cautionnement sera restitué à la Banque de l'Union Parisienne aussitôt après la tenue de l'assemblée constitutive de la Banque Nationale de la République d'Haïti.

Art. 26. — La loi accordant la concession devra comporter l'abrogation de toutes dispositions de lois et de décrets qui lui seraient contraires et notamment des lois et décrets des 10 septembre et 15 septembre 1880.

Pour l'exécution des présentes, les parties élisent domicile, le ministère intérimaire des finances au ministère des finances, et la Banque de l'Union Parisienne en l'étude de Me Suirad Villard.

Dont acte.

Tous les actes généralement quelconques relatifs aux présentes pourront être signifiés aux domiciles élus.

Dont acte.

Fait et passé à Port-au-Prince, en notre étude, ce jour 5 septembre 1910.

Et, après lecture, les parties ont signé avec nous notaires.

Ainsi signé en pareil endroit de la minute des présentes : S. Marius, Treitel, G. Yver de la Buchollerie, Ed. Oriol, Suirad Villard, notaires.

Et au même instant, les parties ont dit subsidiairement que, conformément aux accords provisoires intervenus à Paris à la date du 22 juillet 1910 avec les délégués du Gouvernement Haïtien, il est formellement convenu que le groupe de capitalistes représenté par la Banque de l'Union Parisienne subordonne son adhésion aux clauses du contrat ci-dessus à l'accomplissement des deux conditions suivantes :

1° Toutes les difficultés actuellement pendantes entre le Gouvernement et la Banque Nationale d'Haïti seront définitivement réglées sur les bases des accords intervenus à la date du 21 juillet 1910 entre MM. Thalmann & C° et

M. L. Ewald, président de la Banque Nationale d'Haïti, accords dont une copie est annexée aux présentes.

En conséquence, ces accords devront être ratifiés tant par le Gouvernement que par l'assemblée générale des actionnaires de la Banque Nationale d'Haïti. Pour que cette assemblée générale puisse être convoquée sans délai, les accords entre le Gouvernement et la Banque Nationale d'Haïti doivent, dès leur acceptation par les Chambres, être promulgués, publiés au *Moniteur* et notifiés immédiatement à la maison principale de ladite Banque à Port-au-Prince. Cette notification devra être accompagnée de trois numéros du *Moniteur* certifiés conformes par le Gouvernement.

2° Le Gouvernement signera, simultanément avec les présentes, avec le groupe de capitalistes ci-dessus dénommés, un contrat d'emprunts sur les bases du projet ci-annexé et ce contrat trouvera son exécution.

Si l'une ou l'autre de ces deux conditions n'était pas remplie, la Banque de l'Union Parisienne aurait le droit, si elle le juge à propos, de déclarer nul et non avenu le contrat qui précède sans avoir à payer de ce chef une indemnité.

Ainsi signé en pareil endroit de la minute des présentes :

S. MARIUS, TREITEL, G. YVER
DE LA BUCHOLLERIE, E. ORIOL,
SUIRAD VILLARD, *notaire.*

Enregistré à Port-au-Prince, le 9 septembre 1910, folios 594 et 595, v° case 2533 du registre Y, n° 3, des actes civils. Un renvoi.

Le Directeur principal de l'Enregistrement, par autorisation du Directeur, signé : François Mathon ;

Vu, par autorisation du Contrôleur, signé : Cyrus Saurel.

Collationné,

Signé : SUIRAD VILLARD, *notaire.*

Suivent les teneurs des annexes.

RÉPUBLIQUE D'HAITI

Secrétariat du conseil des Secrétaires d'Etat.

Port-au-Prince, le 29 *août* 1910.

Le conseil des secrétaires d'Etat a, dans sa séance de ce jour, 29 août 1910, autorisé le secrétaire d'Etat intérimaire au département des finances à signer avec MM. Georges Yver de La Buchollerie, délégué de la Banque de l'Union Parisienne et L. Treitel, associé de la maison Hallgarten & C°, de New-York, représentant ladite maison et les maisons Thalmann & C°, de New-York, et la Berliner Handelsgesellschaft, de Berlin, deux contrats, dont l'un pour un emprunt de 65 millions de francs et l'autre pour la création d'une Banque d'Etat sous la dénomination de « Banque Nationale de la République d'Haïti ».

Signé : JACOB SIMON.

Enregistré à Port-au-Prince, le 3 septembre 1910, folios 577 et 578, v° case 2461 du registre Y, n° 3, des actes civils. Perçu droit fixe : 25 centimes.

Le Directeur principal de l'Enregistrement, par autorisation du Directeur, signé : François Mathon ;

Vu, par autorisation du Contrôleur, signé : Cyrus Saurel.

CERTIFICAT.

Sur la requête du docteur Ludwig Treitel, de New-York, que je connais personnellement, j'atteste par les présentes qu'il est associé de la maison de Banque Hallgarten & C°, à New-

York, et qu'il a la signature sociale de cette maison. Je me porte garant de la régularité des pouvoirs qui ont été donnés par dépêche à M. le docteur Treitel par MM. Ladenburg, Thalmann & C°, banquiers à New-York, et la Berliner Handelsgesellschaft, à Berlin, Société anonyme allemande au capital de 110 millions de marks. Les susdites dépêches sont ainsi conçues :

1° De New-York 20-8-10 à Treitel care Ricco, Port-au-Prince : Vous autorisons signer pour nous contrat Banque, contrat emprunt avec Gouvernement haïtien. LADENBURG, THALMANN & C°

2° De Berlin 20-8-10 à docteur Ludwig Treitel care Germania Port-au-Prince : Vous autorisons signer pour nous contrat Banque, contrait emprunt avec Gouvernement haïtien pour notre participation.
BERLINER HANDELSGESELLSCHAFT, MOSLER AHRENS

Le fait que lesdits pouvoirs ont été conférés à M. le docteur Treitel m'est en outre connu par ma correspondance officielle avec mon Gouvernement.

Port-au-Prince, le 29 août 1910.

Signé : ZIMMERER, *Ministre plénipotentiaire et Consul A. I. de l'empire d'Allemagne.*

Enregistré à Port-au-Prince, le 3 septembre 1910, folios 577 et 578, v° case 2462 du registre Y, n° 3, des actes civils. Perçu droit fixe : 25 centimes.

Le Directeur principal de l'Enregistrement, par autorisation du Directeur, signé : François Mathon ;

Vu, par autorisation du Contrôleur, signé : Cyrus Saurel.

Par-devant Me Léon-Félix Delapalme, notaire à Paris, soussigné,

Ont comparu :

M. Paul Barbé, directeur de la Banque de l'Union Parisienne, demeurant à Paris, rue de Magdebourg, n° 5,

Et M. Joseph Courcelle, sous-directeur de la Banque de l'Union Parisienne, demeurant à Paris, rue de Sontay, n° 2,

Agissant tous les deux au nom de la Banque de l'Union Parisienne, Société anonyme au capital de 60 millions de francs, ayant son siège à Paris, rue Chauchat, n° 7 ;

MM. Barbé et Courcelle, spécialement délégués aux fins des présentes, aux termes d'une délibération du Conseil d'administration de ladite Banque prise le 9 juillet 1910, dont un extrait est demeuré ci-annexeé après mention ;

Lesquels ont, par ces présentes, donné, au nom de la Banque de l'Union Parisienne, tous pouvoirs nécessaires,

A M. Georges Yver de La Buchollerie, propriétaire, demeurant à Paris, rue Rodier, n.° 58,

Et, à son défaut, à M. Richard Strauss, propriétaire, demeurant à Paris, rue Pillet-Will, n° 4,

A l'effet, pour et au nom de la Banque de l'Union Parisienne,

Arrêter avec le Gouvernement d'Haïti les clauses et conditions concernant :

1° La concession d'une Banque d'émission dans ledit Etat ;

2° Un emprunt extérieur or d'un montant nominal maximum de 66 millions de francs à contracter par le même Etat ;

Signer tous contrats relatifs à ces objets, soit pour le compte exclusif de la Banque de l'Union Parisienne, soit concurremment avec tout autre établissement ou maison de banque français ou étranger, ou son mandataire, substituer et généralement faire le nécessaire, promettant d'agréer.

Dont acte fait et passé à Paris, rue Chauchat, n° 7, au siège de la Banque de l'Union Parisienne,

L'an 1910 et le 28 juillet.

Et, après lecture faite, les comparants ont signé avec le notaire. Signé : J. Courcelle, P. Barbé, Delapalme.

Vu par nous, M. Lemoine, juge, pour la légalisation de la signature de M. Delapalme, pour empêchement de M. le président du Tribunal de première instance de la Seine (Paris), le 30 juillet 1910. Signé : Lemoine.

Enregistré à Port-au-Prince, le 3 septembre 1910, folios 577 et 578, v° case 2460 du registre Y, n° 3, des actes civils. Perçu droit fixe : 25 centimes. Un renvoi bon.

Le Directeur principal de l'Enregistrement, par autorisation du Directeur, signé : François Mathon ;

Vu, par autorisation du Contrôleur, signé : Cyrus Saurel ;

Vu, pour la légalisation de la signature de M. Lemoine apposée d'autre part.

Paris, le 1er août 1910, et par délégation du Garde des sceaux, ministre de la justice :

Le Chef de bureau, Signé : ADAM.

Le ministre des affaires étrangères certifie véritable la signature de M. Adam.

Paris, le 1er août 1910.

Pour le Ministre, pour le Chef de bureau délégué :

Signé : Réveillé.

Vu : au Consulat général d'Haïti à Paris, pour la légalisation de la signature de M. Réveillé apposée ci-dessus.

Paris, le 2 août 1910.

Le Consul général :

Signé : Bergeaud.

Collationné,

Signé : Suirad Villard, *notaire.*

Il est ainsi en l'original et le brevet des pièces ci-dessus transcrites étant en la possession de Me Suirad Villard, soussigné.

Signé : Suirad Villard, *notaire.*

Pour copie conforme :

Le Chef de bureau
de la Chambre des Représentants,

Signé : Emile Nelson.

Pour copie conforme :

Le Chef de bureau du Sénat :

D. Jn. Guillot.

Pièces C

LIBERTÉ. — EGALITÉ. — FRATERNITÉ.
RÉPUBLIQUE D'HAITI

LOI

FRANÇOIS-ANTOINE SIMON
PRÉSIDENT DE LA RÉPUBLIQUE.

Vu l'article 69 de la Constitution ;

Vu le contrat passé entre le secrétaire d'Etat intérimaire aux départements des finances et du commerce et la Banque l'Union Parisienne représentée par M. Georges Yver de La Buchol-Berliner Handelsgesellschaft, à Berlin, ces trois dernières maisons représentées par M. le docteur Treitel, associé de la maison Hallgarten et C°, pour un emprunt extérieur ;

Sur le rapport du secrétaire d'Etat intérimaire des finances et du commerce,

Et de l'avis du conseil des secrétaires d'Etat,

A proposé,

Et le Corps législatif a voté la loi suivante :

Art. 1er. — Est et demeure sanctionné avec les modifications ci-après portées aux articles

4, 9, 15, 18 (troisième alinéa), 19, 21, 23, 25, 26 et 27, le contrat passé entre le secrétaire d'Etat intérimaire aux départements des finances et du commerce et la Banque l'Union Parisienne, MM. Hallgarten & C°, MM. Ladenburg, Thalmann & C°, et la Berliner Handelsgesellschaft & C°, pour un emprunt extérieur dit « Emprunt Extérieur 5 0/0 1910 de la République d'Haïti » :

« Art. 4. — L'emprunt sera amorti en cinquante ans, conformément à un tableau d'amortissement qui sera dressé ultérieurement et imprimé au verso des titres et qui comportera cinquante annuités égales d'environ 3,561,000 francs (trois millions cinq cent soixante et un mille francs) comprenant l'intérêt et l'amortissement.

« Les obligations seront amorties soit à leur valeur nominale par voie de tirages au sort annuels, soit par achats en Bourse lorsqu'elles seront cotées au-dessous du pair. Les achats en Bourse s'effectueront exclusivement et d'office par les soins de la Banque de l'Union Parisienne pour compte du Gouvernement, auquel elle en rendra compte dans les trois mois qui précéderont la date ci-après fixée pour le tirage au sort et jusqu'à concurrence du nombre de titres prévus par le tableau d'amortissement. Les comptes présentés seront accompagnés de duplicata ou copies certifiés conformes aux bordereaux d'agents de change relatifs à ces opérations. Si le nombre des titres pouvant être ainsi achetés est inférieur à celui prévu par le tableau d'amortissement, il sera procédé à un tirage au sort pour le solde. Les tirages au sort s'effectueront à Paris, par les soins de la Banque l'Union Parisienne, en présence de délégués du Gouvernement, dans le courant du mois d'avril de chaque année. Tous les frais, y compris ceux de confection d'une roue, auxquels donneront lieu ces tirages, seront à la charge du Gouvernement. Le premier tirage aura lieu dans le courant du mois d'avril 1912. Les listes des numéros sortis aux tirages seront publiés d'office par les soins de la Banque de l'Union Parisienne et aux frais du Gouvernement dans deux journaux de Paris et dans un journal de chacune des autres places où l'émission serait ouverte et dans le *Journal officiel d'Haïti*. Ces listes devront, après chaque tirage, être notifiées sans retard au Gouvernement.

« Art. 9. — En cas de perte, de vol, de destruction ou d'altération des titres du présent emprunt, la Banque de l'Union Parisienne est autorisée à procéder, pour le compte du Gouvernement de la République d'Haïti et aux frais des porteurs, au remplacement de ces titres après qu'il lui aura été fourni des preuves jugées par elle suffisantes de la disparition de ces titres et des droits des réclamants ou que ceux-ci lui auront fourni des garanties qu'elle estimera suffisantes, et ce conformément aux usages de la place de Paris.

« Art. 15. — En attendant la création des titres définitifs, il sera remis à la Banque de l'Union Parisienne une obligation générale pour l'ensemble de l'Emprunt. La Banque de l'Union Parisienne est autorisée à créer, au nom du Gouvernement, en représentation du présent emprunt et en attendant la délivrance des titres définitifs, des certificats provisoires qui seront signés au nom du Gouvernement, par la Banque de l'Union Parisienne ou ses délégués et porteront imprimée la signature du ministre des finances d'Haïti. La forme et le texte de l'obligation générale des titres définitifs du présent emprunt seront arrêtés d'un commun accord entre le Gouvernement et les banquiers.

Les titres définitifs numérotés de 1 à 130,000 porteront imprimée la signature du ministre des finances d'Haïti. Le gouvernement désignera à Paris un ou plusieurs délégués dûment autorisés pour contresigner en son nom et à ses frais les titres définitifs. Les principaux articles de la loi d'emprunt et du présent contrat seront reproduits au verso des titres définitifs. L'échange des certificats provisoires contre des titres définitifs s'effectuera au plus tard six mois après la délivrance desdits certificats à Paris et à toute autre place que la Banque de l'Union Parisienne désignera. L'obligation générale que le Gouvernement aura délivrée lui sera restituée par la Banque de l'Union Parisienne contre la remise des titres définitifs dûment contresignés. Les certificats provisoires et les titres définitifs seront confectionnés par les soins de la Banque de l'Union Parisienne et aux frais des banquiers. Toutefois le Gouvernement prend à sa charge la confection des titres nouveaux destinés à remplacer les titres perdus ou volés ainsi que ceux qui en raison de leur état matériel de détérioration ne seraient pas susceptibles d'être livrés sur le marché. Le remplacement des titres perdus ou volés se fera aux frais des porteurs comme il est dit dans l'article 9.

« Art. 18. — Il est affecté irrévocablement et par privilège à la garantie de l'emprunt, en capital, intérêts et frais, et ce, pour toute sa durée :

1« 1° Un dollar (P. 1.) or américain par chaque 100 livres de café exporté ;

« 2° Quinze pour cent (15 0/0) surtaxe spéciale or américain à l'importation créée par la loi du 20 août 1909.

« Il demeure expressément entendu qu'une loi spéciale devra intervenir immédiatement, à l'effet de fixer toutes les conditions du rachat intégral de la dette intérieure 2 1/2 0/0, 3 0/0 et 6 0/0 y compris les emprunts réunis et de l'extinction de l'emprunt du 20 août 1909 auquel les susdits droits sont actuellement affectés.

« Le gouvernement prendra toutes mesures utiles pour que les taxes ci-dessus affectées dorénavant à la garantie du présent emprunt deviennent libres et puissent être perçues pour compte de cet emprunt au plus tard à partir du 1er janvier 1911.

« Art. 19. — Pendant toute la durée de l'emprunt les droits ci-dessus affectés seront encaissés pour compte de qui de droit par la Banque Nationale de la République d'Haïti désignée à cet effet par les banquiers comme leur mandataire. »

« Art. 21. — La Banque Nationale de la République d'Haïti à Port-au-Prince remettra mensuellement à la Banque de l'Union Parisienne à Paris, en francs et ce, sans aucuns frais, au risque pour cette dernière, le produit des encaissements effectués par elle en vertu de l'article ci-dessus, après défalcation de ses frais et commissions. Si trente jours avant chaque échéance semestrielle le produit de ces remises n'est pas suffisant pour assurer en francs le service intégral, (intérêts, amortissements, commissions et frais divers) de la semestrialité en cours, le ministre des finances autorisera la Banque Nationale de la République d'Haïti à prélever par préférence sur les fonds de trésorerie appartenant à l'Etat haïtien et dont elle sera légalement la dépositaire, les sommes nécessaires pour parfaire le service intégral de l'emprunt et à les remettre à la Banque de l'Union Parisienne.

« Dans tous les cas, le Gouvernement s'engage à faire le nécessaire à ses frais pour que la Banque Nationale de la République d'Haïti soit en mesure de faire tenir le montant intégral de chaque échéance semestrielle de l'emprunt aux mains de la Banque de l'Union Parisienne à Paris, en francs, quinze jours au moins avant chaque échéance. La Banque de l'Union Parisienne répartira cette somme entre les diverses banques chargées du service de l'emprunt.

« Toutefois, si, au 15 octobre de chaque année, les recettes provenant des droits affectés à la garantie spéciale de l'emprunt excèdent le montant nécessaire pour couvrir intégralement les deux semestrialités de l'année en cours, cet excédent sera, à la date ci-dessus indiquée, tenu à la libre disposition du Gouvernement pour son service courant. »

« Art. 23. — La comptabilité des opérations résultant du présent contrat sera tenue par la Banque de l'Union Parisienne qui correspondra avec le Gouvernement. La Banque de l'Union Parisienne portera au crédit d'un compte ouvert dans ses livres pour le service de l'Emprunt tous les versements qui lui seront faits à cet effet par la Banque Nationale de la République d'Haïti.

Ce compte sera productif d'intérêts à raison de un et demi pour cent (1 1/2 0/0) au-dessous du taux officiel de la Banque de France sans toutefois pouvoir dépasser 2 0/0 ; le montant des coupons sera, suivant les usages de la place de Paris, porté en compte quinze jours avant leur échéance. »

« Art. 25. — Les quarante-sept millions (47

millions) formant le produit de l'emprunt recevront les affectations suivantes.

« Sur ce produit la Banque de l'Union Parisienne retiendra :

« 1° Le montant des droits de timbre français ou étrangers exigibles sur les titres de l'emprunt, droits que la Banque de l'Union Parisienne acquittera pour compte du Gouvernement ;

« 2° Le montant du premier coupon dont il est question à l'article 3 ci-dessus qui sera porté au crédit du compte spécifié à l'article 23 ci-dessus ;

« 3° La somme nécessaire pour rembourser à la Banque Nationale d'Haïti le montant en intérêts et capital de sa créance sur l'Etat haïtien.

« A cet effet, le Gouvernement devra aviser en temps opportun la Banque de l'Union Parisienne du montant en question, tel qu'il l'aura réglé avec ladite Banque Nationale et ce montant sera versé par elle à cette dernière pour le compte et en acquit du Gouvernement contre un reçu motivé qui sera immédiatement remis par elle au Gouvernement et servira de pièce justificative de l'emploi du montant en question. Les retenues spécifiées aux paragraphes 1 et 3 du présent article (droit de timbre et somme à verser à la Banque Nationale d'Haïti) feront l'objet de comptes spéciaux non productifs d'intérêts. Le versement du surplus des quarante-sept millions (47 millions), prix forfaitaire de l'emprunt, sera effectué par les banquiers dans le délai d'un mois après la date de l'émission de l'emprunt. La Banque Nationale de la République d'Haïti devant être chargée de tout le service de la trésorerie de l'Etat, et par suite du paiement des titres de la dette intérieure et de l'emprunt du 20 août 1909 que l'emprunt actuel a pour but d'éteindre, ainsi que de l'emploi des sommes destinées à l'exécution du programme de réforme monétaire, et aux besoins de trésorerie du Gouvernement auxquels doit être affecté le solde du produit de l'emprunt ainsi qu'il est dit à l'article 17 ci-dessus, c'est au siège de la Banque Nationale de la République d'Haïti à Paris, que sera opéré par les banquiers le versement susdit du surplus des 47 millions de francs. La Banque Nationale de la République d'Haïti portera le montant de ce versement au crédit de comptes spéciaux qu'elle ouvrira au Gouvernement, avec mention de leur affectation.

« L'établissement principal de la Banque Nationale de la République d'Haïti à Port-au-Prince, recevra de son siège à Paris, au fur et à mesure des besoins, les fonds nécessaires pour l'exécution de ce contrat. De convention expresse entre les parties, la Banque Nationale de la République d'Haïti ne pourra se dessaisir de ces fonds que pour les paiements auxquels ils sont affectés par l'article 17 des présentes. »

« Art. 26. — Les banquiers se réservent la faculté d'émettre tout ou partie des titres du présent emprunt, par voie de souscription publique ou autrement, en France ou dans tous autres pays, aux époques, prix et conditions qui leur conviendront.

« Le prospectus d'émission sera signé, sous la responsabilité du Gouvernement de la République d'Haïti, soit par le ministre des finances d'Haïti, soit par tout autre mandataire que le Gouvernement de la République d'Haïti pourra désigner à cet effet d'accord avec la Banque de l'Union Parisienne. »

« Art. 27. — L'émission de l'emprunt aura lieu dans les trois mois qui suivront la date où le transport à l'emprunt actuel des droits de douane y affectés aux termes du présent contrat sera devenu effectif et aura été notifié officiellement à la Banque de l'Union Parisienne.

« La loi de sanction du présent contrat ainsi que la loi spéciale dont il est question à l'article 18 ci-dessus seront, immédiatement après leur acceptation par le Corps législatif haïtien, promulguées et notifiées à la Banque de l'Union Parisienne, à Paris, ou à son représentant à Port-au-Prince.

« Cette notification sera accompagnée de trois exemplaires du *Moniteur Officiel* contenant lesdites lois et certifiés conformes par le Gouvernement. »

Art. 2. — La présente loi abroge toutes lois ou dispositions de loi qui lui sont contraires. Elle sera exécutée à la diligence du secrétaire d'Etat des finances et du commerce.

Donné au Palais de la Chambre des représentants, à Port-au-Prince, le 26 septembre 1910, an 107e de l'Indépendance.

Le Président :
G. DESROSIERS.

Les Secrétaires :
DENIS SAINT-AUDE, Dr L. CAMILLE.

Donné à la Maison Nationale, à Port-au-Prince, le 21 octobre 1910, an 107e de l'Indépendance.

Le Président du Sénat :
E.-P. PAULIN.

Les Secrétaires :
D. THÉODORE, CHS. RÉGNIER.

AU NOM DE LA RÉPUBLIQUE

Le Président d'Haïti ordonne que la loi ci-dessus du Corps législatif soit revêtue du sceau de la République, imprimée, publiée et exécutée.

Donné au Palais National, à Port-au-Prince, le 25 octobre 1910, an 107e de l'Indépendance.

A.-T. SIMON.

Par le Président :

Le Secrétaire d'Etat de la guerre et de la marine chargé des départements des finances et du commerce :

S. MARIUS.

Le Secrétaire d'Etat de l'intérieur :

JÉRÉMIE.

Le Secrétaire d'Etat de l'instruction publique et des relations extérieures :

PÉTION-PRE. ANDRÉ.

Le Secrétaire d'Etat des travaux publics et de l'agriculture :

MURAT CLAUDE.

Le Secrétaire d'Etat de la justice et des cultes :

ARTEAUD.

CONTRAT D'EMPRUNT

ENTRE

LE GOUVERNEMENT D'HAITI

ET

LA BANQUE DE L'UNION PARISIENNE

Par-devant Me Elie-Emmanuel Suirad Villard et son collègue, notaires à Port-au-Prince (Haïti), soussignés ;

Ont comparu :

M. le général Septimus Marius, secrétaire d'Etat intérimaire des finances de la République d'Haïti,

Agissant pour et au nom de l'Etat d'Haïti et en vertu de l'autorisation du Conseil des secrétaires d'Etat donnée à la séance du 29 août dernier dont un extrait signé du secrétaire du Conseil et enregistré à Port-au-Prince est demeuré annexé à la minute de l'acte reçu par nous, notaires soussignés, à la date de ce jour, pour la création d'une Banque, d'une part :

Et d'autre part :

1° M. Georges-Yver de la Buchollerie, demeurant à Paris,

Agissant pour et au nom de la Banque de l'Union Parisienne, Société anonyme française au capital de 60 millions de francs, ayant son siège social, à Paris, 7, rue Chauchat, suivant la procuration de ladite banque reçue par Me Léon-Félix Delapalme, notaire à Paris, le 28 juillet 1910, dont le brevet dûment légalisé et enregistré à Port-au-Prince, est demeuré annexé à la minute de l'acte susrappelé, pour la création d'une banque ;

2° M. le docteur Ludwig Treitel, demeurant à New-York (Etats-Unis d'Amérique du Nord).

Agissant d'abord comme associé de la maison de Banque Hallgarten et C°, de New-York, ayant la signature sociale de ladite maison et aussi comme mandataire de MM. Ladenburg, Thalmann et C°, banquiers à New-York, et de la Berliner Handelsgesellschaft, Société anonyme au capital de 110 millions de marks, ayant son siège social à Berlin (Allemagne).

Ces deux qualités de M. le docteur Ludwig Treitel sont attestées par un certificat délivré le 29 août dernier, par M. Zimmerer, ministre plénipotentiaire et consul A. I. de l'Empire d'Allemagne à Port-au-Prince, lequel certificat dûment enregistré à Port-au-Prince est demeuré annexé à la minute du même acte reçu ce jour pour la création d'une banque.

La Banque de l'Union Parisienne, MM. Hallgarten et C°, MM. Ladenburg, Thalmann et C°, la Berliner Handelsgesellschaft constituent un groupe de capitalistes dénommés aux présentes (les Banquiers) ;

Sous la réserve de la sanction du Corps législatif haïtien, il a été convenu et arrêté ce qui suit entre le Gouvernement de la République d'Haïti dénommé aux présentes : (le Gouvernement) et (les Banquiers susdits).

Article premier. — Le Gouvernement a décidé de contracter un emprunt extérieur qui reçoit la dénomination de « Emprunt extérieur 5 0/0 or 1910 de la République d'Haïti » et qui constitue un engagement direct de cet Etat.

Art. 2. — Le montant nominal de l'emprunt est fixé à soixante-cinq millions de francs (65 millions de francs).

Il est représenté par cent trente mille (130,000) obligations au porteur d'un montant nominal de cinq cents francs (500 francs) chacune.

Art. 3. — Ces obligations rapporteront un

intérêt annuel de cinq pour cent (5 0/0) de leur montant nominal, soit vingt-cinq francs (25 francs) par titre et par an.

Cet intérêt sera payable en deux parties égales, contre des coupons semestriels, aux échéances des 15 mai et 15 novembre.

Le premier coupon comprendra le montant des intérêts courus à raison de cinq pour cent (5 0/0) l'an, entre la date de l'émission de l'emprunt et celle de la première échéance semestrielle suivante.

A l'expiration des feuilles de coupons, dont seront munies les obligations, ces feuilles seront renouvelées aux frais du Gouvernement, d'office par les soins de la Banque de l'Union Parisienne.

Art. 4. — L'emprunt sera amorti en cinquante ans, conformément au tableau d'amortissement qui sera dressé ultérieurement et imprimé au verso des titres et qui comportera cinquante annuités égales d'environ trois millions cinq cent soixante et un mille francs (3,561,000 francs) comprenant l'intérêt et l'amortissement. Les obligations seront amorties soit à leur valeur nominale par voie de tirages au sort annuel, soit par achats en Bourse lorsqu'elles seront cotées au-dessous du pair.

Les achats en Bourse s'effectueront exclusivement et d'office par les soins de la Banque de l'Union Parisienne pour compte du Gouvernement, auquel elle en rendra compte, dans les trois mois qui précéderont la date ci-après fixée pour le tirage au sort et jusqu'à concurrence du nombre de titres prévu par le tableau d'amortissement. Si le nombre des titres pouvant être ainsi achetés est inférieur à celui prévu par le tableau d'amortissement, il sera procédé à un tirage au sort pour le solde.

Les tirages au sort s'effectueront, à Paris, par les soins de la Banque de l'Union Parisienne, en présence de délégués du Gouvernement, dans le courant du mois d'avril de chaque année.

Tous les frais, y compris ceux de confection d'une roue, auxquels donneront lieu ces tirages, seront à la charge du Gouvernement.

Le premier tirage aura lieu dans le courant du mois d'avril 1912. Les listes des numéros sortis au tirage seront publiées d'office par les soins de la Banque de l'Union Parisienne et aux frais du Gouvernement dans deux journaux de Paris et dans un journal de chacune des autres places où l'émission serait ouverte et dans le journal officiel d'Haïti. Ces listes devront, après chaque tirage, être notifiées sans retard au Gouvernement.

Art. 5. — Les obligations sorties aux tirages seront remboursables le 15 mai de chaque année, en même temps que seront payés les coupons échéant à cette date. Le premier remboursement aura lieu le 15 mai 1912. Toute obligation présentée au remboursement devra être munie de tous les coupons non échus à la date fixée pour le remboursement. Dans le cas où il en manquerait un ou plusieurs, leur montant serait déduit du capital à payer au porteur.

Art. 6. — Les coupons et les titres amortis ou remboursés suivant l'article 12, seront payés pour leur valeur nominale respective sous déduction des impôts français ou étrangers à Paris, aux caisses de la Banque de l'Union Parisienne et à celles des établissements et maisons qu'elle désignerait en France ou à l'étranger, — et parmi lesquelles la Banque Nationale de la République d'Haïti est d'ores et déjà désignée — et ce dans les conditions spécifiées à l'article 13.

Art. 7. — Les titres amortis et les coupons y attachés, ainsi que les coupons échus payés, seront perforés par les soins de celles des Banques qui les auront payés. Ils seront centralisés par la Banque de l'Union Parisienne et tenus par elle à Paris à la disposition du Gouvernement de la République d'Haïti.

Art. 8. — Les coupons qui n'auraient pas été présentés à l'encaissement dans un délai de cinq ans, à partir de leur échéance, seront prescrits en faveur du Gouvernement. Pour les titres amortis, le délai de prescription sera de vingt ans.

Art. 9. — En cas de perte, de vol, de destruction ou d'altération de titres du présent emprunt, la Banque de l'Union Parisienne est autorisée à procéder, aux frais du Gouvernement de la République d'Haïti, au remplacement de ces titres, après qu'il lui aura été fourni des preuves jugées par elle suffisantes, de la disparition de ces titres et des droits des réclamants ou que ceux-ci lui auront fourni des garanties qu'elle estimera suffisantes et ce, conformément aux usages de la place de Paris.

Art. 10. — Les titres du présent emprunt non encore amortis seront admis comme cautionnement dans tout contrat avec le Gouvernement au cours coté à la Bourse de Paris à l'époque où le cautionnement serait constitué.

Art. 11. — Les titres et coupons de l'emprunt

circulant en France ou tout autre pays étranger sont et demeureront exempts de tous impôts, droits et redevances quelconques, ordinaires ou extraordinaires, établis ou à établir à Haïti au profit du Gouvernement, des communes ou de toutes autres collectivités. Les dispositions de cet article ne sont pas applicables aux titres et coupons du présent emprunt qui pourraient circuler en Haïti.

Art. 12. — Le gouvernement s'interdit d'augmenter l'amortissement du présent emprunt avant le quinze mai mil neuf cent vingt (15 mai 1920). A partir de cette date, il aura le droit de rembourser au pair les obligations restant à amortir. Ce remboursement ne pourra s'opérer que pour la totalité des titres restant en circulation et moyennant un préavis d'au moins trois mois publié dans un journal d'annonces légales à Paris, à Haïti et dans toutes les villes étrangères où l'émission du présent emprunt aurait été ouverte. La publication de cet avis sera signifiée sans retard à la Banque de Parisienne.

Art. 13. — La Banque de l'Union Parisienne sera chargée du service de l'intérêt et de l'amortissement des obligations d'une manière irrévocable et pour toute la durée de l'emprunt.

Le Gouvernement alloue à la Banque de l'Union Parisienne pour ce service une commission de un quart pour cent (1/4 0/0) sur les sommes payées pour le remboursement des obligations sorties aux tirages ou amorties par voie de remboursement anticipé, pour le paiement des coupons échus et pour les achats en Bourse effectués en conformité de l'article 4 ci-dessus et lui remboursera les taxes et courtages afférents à ces achats.

Art. 14. — Le Gouvernement s'engage, aussitôt que le lui demandera la Banque de l'Union Parisienne, à lui fournir les documents nécessaires pour obtenir l'admission de l'emprunt à la Cote officielle de la Bourse de Paris et à celles de toutes autres places françaises ou autres que pourrait désigner la Banque de l'Union Parisienne ; le Gouvernement et la Banque de l'Union Parisienne conviennent d'unir leurs efforts en vue de l'obtention de la cote officielle de Paris et de la cote de toutes autres places désignées par la Banque de l'Union Parisienne.

Art. 15. — En attendant la création des titres définitifs, il sera remis à la Banque de l'Union Parisienne une obligation générale pour l'ensemble de l'emprunt. La Banque de l'Union

Parisienne est autorisée à créer, au nom du Gouvernement, en représentation du présent emprunt et en attendant la délivrance des titres définitifs, des certificats qui seront signés au nom du Gouvernement, par la Banque de l'Union Parisienne ou ses délégués et porteront, imprimée, la signature du ministre des finances d'Haïti. La forme et le texte de l'obligation générale et des titres définitifs du présent emprunt seront arrêtés d'un commun accord entre le Gouvernement et les banquiers. Les titres définitifs numérotés de 1 à 130,000 porteront, imprimée, la signature du ministre des finances d'Haïti. Le Gouvernement désignera, à Paris, un ou plusieurs délégués dûment autorisés pour contresigner en son nom et à ses frais les titres définitifs. Les principaux articles de la loi d'emprunt et du présent contrat seront reproduits au verso des titres définitifs. L'échange des certificats provisoires contre les titres définitifs s'effectuera au plus tard six mois après la délivrance desdits certificats à Paris et à toute autre place que la Banque de l'Union Parisienne désignera. L'obligation générale que le Gouvernement aura délivrée lui sera restituée par la Banque de l'Union Parisienne contre la remise des titres définitifs dûment contresignés. Les certificats provisoires et les titres définitifs seront confectionnés par les soins de la Banque de l'Union Parisienne et aux frais des banquiers. Toutefois, le Gouvernement prend à sa charge la confection des titres nouveaux destinés à remplacer les titres perdus ou volés ainsi que ceux qui, en raison de leur état matériel de détérioration, ne seraient pas susceptibles d'être livrés sur le marché.

Art. 16. — Les titres seront munis, aux frais du Gouvernement, d'un timbre français ou de celui des autres pays où se ferait l'émission.

Art. 17. — Le produit de l'emprunt, défalcation faite des retenues spécifiées à l'article 25 ci-après, sera utilisé comme suit :

1) Une somme de 10 millions de francs restera réservée pour l'exécution d'un programme de réforme monétaire, qui comportera notamment le retrait de la totalité du papier-monnaie émis par le Gouvernement et éventuellement du nickel et ce, dans les conditions prévues dans l'acte de concession de la Banque Nationale de la République d'Haïti.

2) La somme suffisante au retrait intégral de toute la dette intérieure, savoir : l'emprunt consolidé 6 0/0, l'emprunt unifié 6 0/0, l'em-

prunt consolidé 3 0/0, l'emprunt 2 1/2 0/0, titres bleus et titres roses.

3) La somme suffisante à l'extinction du solde de l'emprunt du 23 août 1909.

De convention expresse entre les parties, il demeure bien entendu que le produit de l'emprunt ne peut en aucun cas être détourné de l'emploi qui lui est donné par le présent article et que le Gouvernement peut seulement disposer pour les besoins du service courant, du surplus pouvant rester disponible après l'exécution intégrale des clauses 1, 2 et 3 du présent article.

Art. 18. — Il est affecté irrévocablement et par privilège à la garantie de l'emprunt, en capital, intérêts et frais, et ce pour toute sa durée :

1) Un dollard (P 1) or américain par chaque cent livres de café exporté ;

2) Quinze pour cent (15 0/0) surtaxe spéciale or américain à l'importation créée par la loi du 20 août 1909.

Il demeure expressément entendu que la loi de sanction du présent contrat abrogeant toutes lois, décrets et dispositions de lois qui lui sont contraires, devra fixer toutes les conditions du rachat intégral de la dette intérieure 2 1/2 0/0, 3 0/0 et 6 0/0 et de l'extinction de l'emprunt du 20 août 1909 auxquels les susdits droits sont actuellement affectés. Le Gouvernement prendra au besoin et immédiatement toutes autres mesures utiles pour que les taxes ci-dessus affectées dorénavant à la garantie spéciale du présent emprunt deviennent libres et puissent être perçues dans le plus bref délai possible pour compte du présent emprunt. Le présent emprunt constitue, comme il a été dit à l'article premier, un engagement direct de la République d'Haïti.

Art. 19. — Pendant toute la durée de l'emprunt les droits ci-dessus affectés seront directement encaissés pour compte de qui de droit par la Banque Nationale de la République d'Haïti, désignée à cet effet par la Banque comme leur mandataire. Le Gouvernement s'engage à surveiller strictement la perception des droits de douane, aucune exportation ni remise de marchandises importées ne pourra être effectuée qu'après justification, conformément à la loi, du paiement à la Banque Nationale de la République d'Haïti, des droits affectés à la garantie du présent emprunt.

Art. 20. — L'assiette, les bases, les tarifs et

les modes de perception des droits affectés au présent emprunt, ainsi qu'en général les lois, règlements et autres dispositions concernant ces droits et actuellement en vigueur ne pourront subir de modification de nature à diminuer le rendement de ces droits. Un exemplaire de ces lois, règlements et autres dispositions demeurera annexé au présent contrat. Si, pendant un délai de deux années consécutives, le produit annuel de ces droits venait à tomber au-dessous de quatre-vingt-dix pour cent (90 0/0) du montant d'une annuité, le Gouvernement devrait, sur la demande des banquiers, affecter d'autres taxes au service de l'emprunt, de manière que l'ensemble du produit annuel des taxes spéciales affectées soit toujours au moins égal au montant d'une annuité.

Art. 21. — La Banque Nationale de la République d'Haïti, à Port-au-Prince, remettra mensuellement à la Banque de l'Union Parisienne, à Paris, en francs, et ce sans aucuns frais ni risques pour cette dernière, le produit des encaissements effectués par elle, en vertu de l'article ci-dessus, après défalcation de ses frais et commissions. Si trente jours avant chaque échéance semestrielle, le produit de ces remises n'était pas suffisant pour assurer, en francs, le service intégral (intérêts, amortissement, commission et frais divers) de la semestrialité en cours, la Banque Nationale de la République d'Haïti prélèverait d'office et, par préférence, sur les fonds de trésorerie appartenant à l'Etat haïtien, et dont elle sera légalement dépositaire, les sommes nécessaires pour parfaire le service intégral de l'emprunt et les remettrait à la Banque de l'Union Parisienne. Dans tous les cas, le Gouvernement s'engage à faire le nécessaire, à ses frais, pour que la Banque Nationale de la République d'Haïti soit en mesure de faire tenir le montant intégral de chaque échéance semestrielle de l'emprunt aux mains de la Banque de l'Union Parisienne, à Paris, en francs, quinze jours au moins avant chaque échéance. La Banque de l'Union Parisienne répartira cette somme entre les diverses banques chargées du service de l'emprunt.

Art. 22. — Le Gouvernement donne, par les présentes, à la Banque Nationale de la République d'Haïti, mandat formel et irrévocable pendant toute la durée de l'emprunt, d'effectuer les encaissements, prélèvements et remises spécifiés aux articles 19 et 21 ci-dessus. Les clauses du présent contrat relatives à la participation de la Banque Nationale de la République d'Haïti au service de l'emprunt devront être ratifiées par l'Assemblée constitutive de ladite Banque.

Dans le cas imprévu où, par suite d'une liquidation, la Banque Nationale de la République d'Haïti se trouverait dans l'impossibilité de continuer à remplir le rôle qui lui est attribué dans le présent contrat d'emprunt, la Banque de l'Union Parisienne, d'accord avec le Gouvernement, désignerait en Haïti un autre établissement ou maison, auquel serait dévolu ce rôle, selon les conditions stipulées dans ce contrat.

Art. 23. — La comptabilité des opérations résultant du présent contrat sera tenue par la Banque de l'Union Parisienne qui correspondra avec le Gouvernement. La Banque de l'Union Parisienne portera au crédit d'un compte ouvert dans ses livres pour le service de l'emprunt et non productif d'intérêt, tous les versements qui lui seront faits à cet effet par la Banque Nationale de la République d'Haïti.

Art. 24. — Aux conditions qui viennent d'être exposées et à celles qui le seront ci-après et sous réserve de l'obtention de la cote officielle du marché de Paris pour l'emprunt qui fait l'objet des présentes, les banquiers s'engagent à prendre ferme les cent trente mille (130,000) obligations de cinq cents (500) francs représentant le montant nominal de l'emprunt au prix global forfaitaire de quarante-sept millions (47 millions) de francs. Cette somme sera payée dans les conditions et délais stipulés à l'article ci-après contre remise d'une obligation générale, couvrant l'ensemble des 130,000 obligations et créée comme il est dit à l'article 15 du présent contrat.

Art. 25. — Les 47 millions de francs (quarante-sept millions) formant le produit de l'emprunt recevront les affectations suivantes :

Sur ce produit, la Banque de l'Union Parisienne retiendra :

1° Le montant des droits de timbre français ou étrangers exigibles sur les titres de l'emprunt, droits que la Banque de l'Union Parisienne acquittera pour compte du Gouvernement ;

2° Le montant du premier coupon dont il est question à l'article 3 ci-dessus, qui sera porté au crédit du compte spécifié à l'article 23 ci-dessus ;

3° La somme nécessaire pour rembourser à l'actuelle Banque Nationale d'Haïti le montant en intérêts et capital de sa créance sur l'Etat haïtien.

A cet effet, le Gouvernement devra aviser en temps opportun la Banque de l'Union Parisienne du montant en question, tel qu'il l'aura réglé avec ladite Banque Nationale, et ce montant sera versé par elle à cette dernière pour le compte et en acquit du Gouvernement contre un reçu motivé qui sera immédiatement remis par elle au Gouvernement et servira de pièce justificative de l'emploi du montant en question. Les retenues spécifiées aux paragraphes 1 et 3 du présent article (droit de timbre et somme à verser à la Banque Nationale d'Haïti) feront l'objet de comptes spéciaux non productifs d'intérêts. Le versement du surplus des 47 millions de francs, prix forfaitaire de l'emprunt, sera effectué par les banquiers dans le délai d'un mois après la date de l'émission de l'emprunt. La Banque Nationale de la République d'Haïti devant être chargée de tout le service de trésorerie de l'Etat, et par suite du paiement des titres de la Dette intérieure et de l'Emprunt du 20 août 1909, que l'emprunt actuel a pour but d'éteindre, ainsi que de l'emploi des sommes destinées à l'exécution du programme de réforme monétaire, et aux besoins de trésorerie du Gouvernement, auxquels doit être affecté le solde du produit de l'emprunt, ainsi qu'il est dit à l'article 17 ci-dessus, c'est au siège de la Banque Nationale de la République d'Haïti à Paris, que sera opéré par les banquiers le versement susdit du surplus des 47 millions de francs. La Banque Nationale de la République d'Haïti portera le montant de ce versement au crédit des comptes spéciaux qu'elle ouvrira au Gouvernement, avec mention de leur affectation.

L'Etablissement principal de la Banque Nationale de la République d'Haïti à Port-au-Prince recevra de son siège à Paris, au fur et à mesure des besoins, les fonds nécessaires pour l'exécution de ce contrat. De convention expresse entre les parties, la Banque Nationale de la République d'Haïti ne pourra se dessaisir de ces fonds que pour les paiements auxquels ils sont affectés par l'article 17 des présentes.

Art. 26. — Les banquiers se réservent la faculté d'émettre tout ou partie des titres du présent emprunt par voie de souscription publique ou autrement, en France ou dans tous autres pays, aux époques, prix et conditions qui leur conviendront.

Le prospectus d'émission sera signé à Paris, sous la responsabilité du Gouvernement de la

République d'Haïti, soit par le ministre des finances d'Haïti, soit par tout autre mandataire que le Gouvernement de la République d'Haïti pourra désigner à cet effet, d'accord avec la Banque de l'Union Parisienne.

Art. 27. — L'émission de l'emprunt aura lieu dans les trois mois qui suivront la date où le transport à l'emprunt actuel des droits de douane y affectés aux termes du présent contrat sera devenu régulier, définitif et légal et aura été notifié officiellement aux banquiers. La loi de sanction du présent contrat sera présenté aux Chambres par le Gouvernement dans le plus bref délai possible, et elle sera promulguée et publiée au *Moniteur officiel* immédiatement après avoir été votée par les Chambres. Cette promulgation, avec, à l'appui, trois numéros du *Moniteur officiel* la contenant et certifiés conformes par le Gouvernement, devra être notifiée immédiatement au représentant de la Banque de l'Union Parisienne à Port-au-Prince.

Art. 28. — Si avant l'époque fixée pour l'émission du présent emprunt deux des fonds ci-après avaient été cotés à la Bourse de Paris au-dessus des cours indiqués ci-dessous, savoir :

Rente française 3 0/0 95 0/0 (quatre-vingt-quinze pour cent) ;

Russe 4 1/2 0/0 1909 97 0/0 (quatre-vingt-dix-sept pour cent) ;

Emprunt haïtien 1896 98 0/0 (quatre-vingt-dix-huit pour cent) [tous ces cours s'entendent déduction faite sur la cote des intérêts courus] ;

Comme aussi s'il éclatait une guerre en Europe ou en Amérique, comme aussi s'il se produisait une crise financière ou un état de troubles graves qui, de l'avis des banquiers, rendraient impossible l'émission de l'emprunt, ils auraient la faculté de retarder l'opération sans indemnité jusqu'à la cessation de la cause du retard.

Art. 29. — Les banquiers ont un droit de préférence à conditions égales sur tout emprunt que le Gouvernement voudrait effectuer à l'étranger, et ce, pendant une période de douze ans à compter de ce jour.

Art. 30. — Les contestations qui pourraient s'élever sur l'exécution du présent contrat seront soumises, à Paris, à deux arbitres nommés l'un par le Gouvernement de la République d'Haïti, l'autre par les banquiers, et qui devront rendre leur arrêt dans un délai de deux mois. En cas de partage, lesdits arbitres en nommeront un troisième pour les départager. S'ils ne parvenaient pas à se mettre d'accord pour le choix de ce tiers arbitre, celui-ci serait désigné, à la requête des arbitres ou de la partie la plus diligente, par le Tribunal arbitral de La Haye.

La décision des arbitres sera définitive et souveraine, les parties contractantes déclarant dès à présent l'accepter comme telle et renoncer par cela même à tous appels et recours contre cette décision.

Art. 31. — Le présent contrat sera exempt de tous droits de timbres, enregistrement ou autres à Haïti. Dans rle cas où, par suite de contesations, ce contrat aurait à être timbré et enregistré en France, les frais de cette formalité seraient à la charge de celle des parties qui succomberait.

Art. 32. — Le docteur L. Treitel, agissant en vertu de ses pouvoirs, délègue, au nom des maison Hallgarten et C°, Ladenburg, Thalmann et C° et de la Berliner Handelsgesellschaft, à la Banque de l'Union Parisienne, pleins pouvoirs pour prendre seule toutes les mesures nécessaires pour l'exécution du présent contrat avec le Gouvernement d'Haïti.

Pour l'exeécution des présentes, les parties

élisent domicile : le ministre des finances au ministère des finances, et les banquiers à la Banque de l'Union Parisienne, à Paris, 7, rue Chauchat.

Tous les actes généralement quelconques relatifs aux présentes pourront être signifiés aux domiciles élus. Dont acte.

Fait et passé à Port-au-Prince, en notre étude, ce jour 5 septembre 1910.

Et, après lecture, les parties ont signé avec nous, notaires.

Ainsi signé, en pareil endroit, de la minute des présentes : G. Yver de la Buchollerie, S. Marius, Treitel, E. Oriol, notaire ; Suirad Villard, notaire.

Et au même instant, les parties ont dit subsidiairement qu'ainsi qu'il a été stipulé par lettres échangées le 22 juillet 1910 entre les signataires du projet de contrat provisoire et les délégués du Gouvernement, il est formellement convenu que les banquiers ne seront liés par le contrat d'emprunt, ci-dessus (et ce bien entendu sous les autres réserves et conditions qui y sont prévues) que lorsque la concession d'une Banque Nationale à Haïti sera devenue définitive au profit de la Banque de l'Union Parisienne, dans les conditions du contrat y relatif et annexé aux présentes et lorsque cette Banque, régulièrement constituée, aura confirmé aux Banquiers avoir reçu du Gouvernement notification officielle du présent contrat, notification que le Gouvernement s'engage à donner sans délai après la publication du contrat et de la loi de sanction au *Moniteur officiel.*

Après lecture, les parties ont signé avec nous, notaires. Qautre mots rayés nuls.

Ainsi signé en pareil endroit de la minute des présentes : G. Yver de la Buchollerie, S. Marius, Treitel, Ed. Oriol, Suirard Villard, notaires.

Ensuite, est écrit : Enregistré à Port-au-Prince, le 9 septembre 1910, folio 593-594. R° Case. 2532 du registre Y, n° 3, des actes civils. Perçu (gratis). Cinq renvois bons.

Le Directeur principal de l'enregistrement,

Vu : Par autorisation du directeur,

Signé : François Mathon.

Vu : Par autorisation du contrôleur,

Signé : Cyrus Saurel.

Huit renvois en marge bons, cinq mots rayés

nuls, dans la présente expédition, plus un autre renvoi.

Collationné :

Signé : SUIRAD VILLARD.

Pour copie conforme :

Le Secrétaire-archiviste
de la Chambre des représentants :
C. GANTHIER, *avocat.*

Le Secrétaire-archiviste du Sénat :
R. DUPLESSIS.

Pièce D

RÉPUBLIQUE D'HAITI

CHAMBRE DES COMPTES

Section de la
Correspondance spéciale

Port au Prince, le 5 juillet 1910.
an 107 de l'Indépendance.

Au Corps Législatif.

Messieurs les Législateurs,

La Chambre des comptes a l'honneur de vous expédier, accompagné de tableaux, son rapport annuel sur les comptes généraux de la République de l'exercice 1908-1909, ce, au prescrit de l'article 169 de la Constitution.

Elle vous demande la permission de vous faire la relation suivante :

Il a été donné à la Chambre des comptes de lire le rapport de la Commission des comptes généraux de la Chambre des représentants, portant la date du 27 août 1909, relatif à son rapport de l'exercice 1907-1908.

Ce rapport contient des déclarations qui sont de nature à porter atteinte à l'institution de la Chambre des comptes, car elles revêtent un caractère qui peut se traduire sous une forme d'accusation.

En effet, comment ne pas se sentir ému en lisant ce qui suit : « Aucun examen minutieux, aucune investigation n'ont mis ces fonctionnaires à même de permettre à vos commissaires de vous dire comment se sont effectuées les frappes ou émissions de nickel et de papier-monnaie qui avaient été autorisées durant l'exercice 1907-1908, comment s'est opéré le règlement de certaines condamnations pécuniaires du procès de la Consolidation. »

Pour faire ressortir que la Chambre des comptes n'a point négligé ses devoirs, elle prend la liberté de référer les honorables membres du Corps législatif au rapport critiqué, à sa page première, où elle a signalé les opérations de frappe de nickel et d'émission de papier-monnaie se décomposant comme suit :

1° Billets de $ 5 (loi du juillet 1908) ....$	600.000
2° Nickel, pièces de 50 centimes (loi du 14 juillet 1908)............	100.000
3° Nickel, pièces de 50 centimes (loi du 21 août 1908)..............	2.000.000
4° Bons du Trésor (arrêté de l'Exécutif du 9 mai 1908).........	600.000

Les mandataires de la nation voudront bien se donner la peine de parcourir ledit rapport pour se rendre compte qu'une valeur de 76,498 dollars 42 a été recouvrée durant cet exercice 1907-1908 des condamnations du procès de la Consolidation.

(Voir état n° 2.)

Pour ce qui a trait à la façon dont cette valeur de $ 76,498.42 a été dépensée, elle vous prie, honorables membres du Corps législatif, de revoir la loi du 7 juillet 1905 en son article 1er :

« Art. 1er. — Toutes les valeurs généralement quelconques recouvrées et à recouvrer des condamnés et toutes celles accumulées à la Banque Nationale d'Haïti en vertu des saisies régulièrement effectuées, seront employées aux dépenses du service public. »

Les membres de la Commission des comptes généraux se sont exprimés comme suit :

« Les différentes branches des administrations ci-dessous désignées n'ont jamais ordonnancé leurs recettes ainsi qu'il leur en est fait l'obligation :

FORGES ET CHANTIERS DE BIZOTON

SERVICE HYDRAULIQUE

Télégraphes terrestres

Les rédacteurs du rapport de la Commission des comptes généraux de la Chambre des députés ont-ils en conscience lu le rapport incriminé ?

La Chambre des comptes répond : « Non ». Pour le prouver, messieurs les législateurs, elle s'empresse de reproduire ici la partie de son rapport concernant ces différentes branches de recettes :

TÉLÉGRAPHES TERRESTRES
(Exercice 1907-1908)

Les prévisions budgétaires pour cette bran-

che de service s'élèvent en monnaie nationale à ....$ 19.628 35
et en or à...........$ 2.500 »
Il a été ordonnancé en billets la somme de...$ 14.811 20
d'où une moins-value en billets de..............$ 4.817 15
et en or la somme de..$ 3.195 16
d'où une plus-value en or de..................$ 695 16

(Voir tableaux n°s 1 et 2.)

Bureau hydraulique de Port-au-Prince

Le chiffre prévu pour l'exercice s'élève en billets à la somme de............$ 24.000 »
Il a été ordonnancé la somme de ....$ 43.617 41
D'où une plus-value durant l'exercice se montant à la somme de...$ 19.617 41

Forges et Chantiers de Bizoton

Pour cette branche de recettes, les prévisions budgétaires s'élèvent en billets à la somme de...........................$ 800

Rien n'a été ordonnancé.

(Voir tableau n° 1.)

Tout cela prouve jusqu'à l'évidence que les membres de la Commission des comptes généraux de la Chambre des représentants, pour asseoir leur conviction, ne s'étaient pas donnés la peine de se livrer à un examen minutieux des pièces qui accompagnent le rapport annuel de la Chambre des comptes (1907-1908).

En conséquence, la Chambre des comptes ne croit pas mériter le blâme que lui ont infligé les membres de la Commission des comptes généraux de la Chambre des représentants.

La Chambre des comptes, souvenez-vous-en bien, messieurs les législateurs, est composée d'hommes de caractère et de carrière incapables d'aucune compromission honteuse. Il y va de leur honneur et de leur dignité de protester contre les conclusions du rapport de la Commission susdite.

Dans l'espoir que son présent rapport aura votre haute attention, elle vous salue, Messieurs les Législateurs, très respectueusement.

Le Président :

Signé : V. Gauthier.

Les Membres :

Thomas Mills, J.-T. Muzac,
F.-G. Augustin, Stéphen
Denis, T. Excellent.

Pièce E

BANQUE NATIONALE D'HAITI

Assemblée générale extraordinaire du 6 jauvier 1911.

RAPPORT DU CONSEIL D'ADMINISTRATION

Messieurs,

Ainsi que vous l'avait laissé prévoir le rapport que nous présentions à l'Assemblée générale du 5 juin dernier, votre Conseil n'a pu arriver, avec la mission financière du gouvernement d'Haïti, à une entente permettant à votre Banque de reprendre ses relations normales avec le gouvernement.

Aussi les délégués qui avaient également pour mission, à défaut d'entente avec nous, de chercher des capitalistes disposés à fonder une Banque qui se substituerait à la nôtre, se sont-ils mis en rapport avec un groupe financier de notre place.

Ce groupe financier, à la tête duquel s'est mise la Banque de l'Union Parisienne, nous a demandé, d'accord avec les délégués du gouvernement, si nous serions disposés à céder les droits et privilèges accordés à la Banque par son contrat de concession.

Nous y avons consenti, — sous réserve de votre approbation — à la condition que toutes les questions en litige soient réglées à notre satisfaction et qu'une indemnité nous soit allouée pour les vingt années restant à courir sur notre privilège.

En conséquence, le groupe financier envoyait à Port-au-Prince des délégués chargés de traiter avec le gouvernement pour obtenir un contrat leur permettant de se substituer à nous, tandis que de notre côté, nous arrêtions directement avec le gouvernement les conditions auxquelles nous consentirions à la résiliation de notre contrat.

Ces conditions, acceptées par le gouvernement et sanctionnées par la loi du 21 octobre 1910, sont les suivantes :

1° Le gouvernement demande à la Banque Nationale d'Haïti de consentir à la résiliation du contrat conclu entre les parties le 30 juillet 1880 et sanctionné par décret de l'Assemblée Nationale d'Haïti, en date du 10 septembre 1880 ;

2° La Banque Nationale d'Haïti accepte de faire abandon des droits et privilèges qui lui sont dévolus par le contrat susdit.

Cet abandon est fait aux conditions suivantes :

A. — Le Gouvernement haïtien déclare renoncer de la façon la plus formelle et la plus expresse au bénéfice de toutes les condamnations prononcées en sa faveur par les tribunaux haïtiens contre la Banque Nationale d'Haïti. Il se désiste aussi, tant en la forme qu'au fond, de toutes les procédures entamées par lui contre ladite Banque et qui n'ont pas encore abouti à des décisions judiciaires.

B. — De son côté, la Banque Nationale d'Haïti renonce à toutes les réclamations pour les pertes qu'elle prétend lui avoir été causées par le retrait du service de trésorerie et pour commissions non payées, sauf en ce qui concerne la commission sur les opérations de la Consolidation et le règlement du prêt statutaire, dont il est fait mention ci-après.

C. — D'un commun accord, le Gouvernement d'Haïti et la Banque Nationale d'Haïti abandonnent tout droit de revendication future et se libèrent et déchargent mutuellement de toutes réclamations et responsabilités pour tous actes antérieurs à la signature des présentes, le gouvernement donnant décharge à la Banque Nationale d'Haïti et celle-ci renonçant à toute réclamation contre le gouvernement d'Haïti pour le passé.

D. — Le Gouvernement d'Haïti se reconnaît débiteur envers la Banque Nationale d'Haïti des sommes suivantes :

a) Pour les intérêts et solde de la commission de 1/2 0/0 sur les opérations de la Consolidation de 1900 en conformité de l'article 9 du projet de convention en date du 24 avril 1905 cent vingt-cinq mille (125,000) francs.

b) Pour le prêt statutaire de. G.	300.000 »
Intérêts et commissions sur ledit prêt du 30 septembre 1910........	182.240 45
Ensemble.............G.	482.240 45

Quoique la Banque maintienne qu'elle a le droit de réclamer le remboursement de cette somme en francs et au pair, les parties conviennent que la somme ci-dessus due par le gouvernement d'Haïti à la Banque Nationale d'Haïti pour le règlement du prêt statutaire, soit calculée à 2 fr. 50 pour une gourde, soit : 1,205,601 fr. 15.

3° Les valeurs ci-dessus seront payées à la Banque Nationale d'Haïti, pour compte du gouvernement, par la Banque de l'Union Parisienne, représentant auprès de ce gouvernement le groupe financier, laquelle Banque a assumé la direction des nouvelles opérations ;

4° La Banque Nationale d'Haïti étant chargée, par contrats spéciaux, d'encaisser et de répartir les affectations destinées au service des dettes intérieure et extérieure, il demeure entendu, en attendant l'installation de la nouvelle Banque, que la Banque de l'Union Parisienne, représentant le groupe de capitalistes, prendra toutes mesures nécessaires pour continuer, aux lieu et place de la Banque Nationale d'Haïti, ces encaissements et pour remiser périodiquement et régulièrement, d'office à Paris les recettes destinées au service des emprunts d'Haïti de 1875 et 1896.

La nouvelle Banque qui prendra le nom de Banque Nationale de la République d'Haïti, doit être fondée au capital de 20 millions de francs, dont un quart sera appelé au moment de la souscription.

D'autre part, nos immeubles et aménagements en Haïti nous seront repris pour la somme globale de 200,000 francs.

Enfin, le groupe financier, auquel s'est substituée la Banque de l'Union Parisienne, s'est engagé, en compensation de vingt années restant à courir, à nous faire délivrer, aussitôt après sa constitution, vingt mille parts de fondateur de la Banque Nationale de la République d'Haïti, représentant une participation de 25 0/0 dans les bénéfices de cette Banque, après prélèvement de 5 0/0 pour la composition de la réserve légale et de 5 0/0 pour intérêts au capital versé.

Afin de faciliter les opérations de notre liquidation, nous avons, d'ores et déjà, vendu ces parts de fondateur payables au comptant, contre livraison des titres.

Nous soumettons ces arrangements à votre ratification et leur approbation entraînant la liquidation éventuelle de notre Banque, nous vous proposons de voter la résolution dont vous avez le texte sous les yeux.

LA DISCUSSION

Un scrutateur. — Je lis dans le rapport :

« Enfin, le groupe financier, auquel s'est substituée la Banque de l'Union Parisienne, s'est engagé, en compensation des vingt années restant à courir sur notre contrat, à nous faire délivrer, aussitôt après sa constitution, vingt mille parts de fondateur de la Banque Nationale de la République d'Haïti, représentant une participation de 25 0/0 dans les bénéfices de cette banque, après prélèvement de 5 0/0 pour la composition de la réserve légale, de 5 0/0 pour intérêt au capital versé.

« Afin de faciliter les opérations de notre liquidation, nous avons, d'ores et déjà, vendu ces parts de fondateur payables au comptant, contre livraison des titres. »

A quel prix ces parts de fondateur ont-elles été vendues ?

M. le président. — Elles l'ont été moyennant le prix global de 1,250,000 francs.

Un actionnaire. — En vertu de quels pouvoirs les avez-vous vendues ?

M. le président. — En vertu du pouvoir qu'avait le Conseil de conclure tous les arrangements possibles en vue d'arriver à une solution satisfaisante.

Le même actionnaire. — C'est là une opération de liquidation.

M. le président. — Le Conseil a pris sur lui de la faire ; elle fait partie d'un ensemble que nous soumettons à votre vote.

Le même actionnaire. — Etant donnée la

détermination du nombre de ces parts qui est de vingt mille, il semble qu'elles devaient être attribuées proportionnellement aux actions qui forment le capital social de la banque actuelle.

M. le président. — Si nous n'avions pu les vendre à un prix convenable, évidemment il eût mieux valu les répartir entre les porteurs d'actions et de parts.

Le même actionnaire. — Les actionnaires pouvaient estimer qu'il leur était préférable de recevoir un titre au porteur en paiement plutôt que d'être payés en espèces après la liquidation.

M. le président. — Pour ceux d'entre vous qui désireraient suivre la fortune de la nouvelle banque, je puis vous dire que le groupe financier mettra à la disposition de nos actionnaires quinze mille actions de la nouvelle banque à raison de trois actions pour quatre anciennes, au prix de 540 francs.

Un scrutateur. — De telle façon que les actionnaires pourront retrouver un intérêt dans la nouvelle affaire en perdant en échange leurs parts de fondateur.

M. le président. — Oui, mais ils auront, par contre, de l'argent en caisse.

M. Merzbach. — Le groupe acheteur des parts de fondateur est-il le même que le groupe créateur ? Est-ce l'Union Parisienne ?

M. le président. — Je ne crois pas utile de le dire ici ; tout ce que je puis vous assurer, c'est qu'il s'agit d'un groupe très solvable, et nous sommes absolument tranquilles au sujet du règlement ; tout nous sera bien payé contre remise des titres.

Nous avons fait cet arrangement aussi avantageux que possible, et nous croyons que les intérêts des actionnaires actuels ne sont pas lésés.

Un actionnaire. — Si le groupe qui reprend les parts de fondateur est le même que celui qui va émettre les actions, il faut croire qu'il a un gros intérêt à reprendre ces parts...

M. le président. — Vous ne croyez pas qu'un groupe soit acheteur de vingt mille titres s'il ne pense pas qu'il aura intérêt à les acheter ; il les achète parce qu'il y voit son intérêt, c'est évident.

Le même actionnaire. — Nous aurions eu, nous aussi, intérêt à les garder !

M. le président. — Cela donne une excellente idée des nouvelles actions.

Le même actionnaire. — Et des parts de fondateur !

M. le président. — Je l'espère comme vous.

Le même actionnaire. — En attendant, nous en sommes privés !

M. le président. — Vous ne pouvez pas tout avoir. Il me semble, en tout cas, que la liquidation se fait dans des conditions très acceptables, car il est vraisemblable qu'elle va donner aux actionnaires le double du capital qu'ils ont engagé. Je m'attendais plutôt à des félicitations qu'à des critiques.

Le même actionnaire. — Ce ne sont pas des critiques que je formule, mais de simples observations.

M. le président. — Elles avaient un peu l'air de critiques ; je les accepte cependant comme des félicitations. (*On rit.*)

M. Merzbach. — Les actionnaires actuels pourront-ils souscrire, d'une manière réductible, aux actions qui ne seraient pas souscrites par certains d'entre nous ?

M. le président. — Rien n'est spécifié à cet égard ; nous n'avons qu'une seule promesse, celle de quinze mille actions de la nouvelle banque mises, au prix de 550 francs, à la disposition des actionnaires actuels, à raison de trois titres pour quatre par eux possédés.

M. Merzbach. — Par conséquent, vous pourriez laisser les actionnaires souscrire d'une manière réductible en sus de leur souscription irréductible.

M. le président. — Cela dépendra de la nouvelle banque.

M. Merzbach. — Je ne doute pas, étant donnée l'habileté de notre Conseil, que nous n'arrivions à obtenir cette faveur.

M. le président. — Merci de cette parole aimable, la première qui nous soit adressée.

Un actionnaire. — Pourra-t-on souscrire sur les fonds à recevoir de la liquidation ?

M. le président. — Il est probable que vous aurez reçu les fonds provenant de la liquidation avant l'époque de la souscription.

M. Merzbach. — Serait-il indiscret de vous demander quelle sera la somme attribuée aux actions et aux parts ?

M. le président. — C'est là une question bien indiscrète ! Nous avons fait des calculs, et sans engager la responsabilité du Conseil, à quelques francs près, je crois que les actionnaires toucheront environ le double du capital qu'ils nous ont confié à l'origine, y compris naturellement les 50 francs déjà payés.

Quant aux parts de fondateur, elles toucheront environ 70 francs si rien ne vient modifier nos prévisions.

Un actionnaire. — Quand la liquidation sera-t-elle terminée ?

M. le président. — Nous ne pouvons vous le dire exactement, car cette question est liée à la création de la nouvelle banque. Je sais que ces messieurs désirent mener l'affaire le plus rapidement possible, car ils ont l'intention d'émettre le nouvel emprunt haïtien qui est annoncé comme devant avoir lieu à brève échéance.

M. Merzbach. — Pouvons-nous espérer que, dans la nouvelle banque, nous y verrons quelques-uns de nos administrateurs ?

M. le président. — Vous pouvez espérer qu'il n'y en aura aucun : cela répondra à certaines critiques qui ont été dirigées contre votre conseil qui a cependant fait le maximum d'efforts pour obtenir le plus possible en votre faveur.

M. Merzbach. — Nous ne pouvons que le regretter très vivement !

La résolution suivante est adoptée à *l'unanimité.*

RÉSOLUTION

L'Assemblée générale, connaissance prise du rapport du Conseil d'administration, décide que le Conseil d'administration aura tous pouvoirs pour prononcer la dissolution anticipée de la Société, à la condition expresse que cette mesure soit prise avant le 30 juin 1911.

En conséquence, le Conseil d'administration pourra, sur sa simple délibération, dans la période qui s'écoulera entre le 6 janvier 1911 et le 30 juin 1911, et à toute époque, pendant cet intervalle de temps, décider cette dissolution.

Conformément à l'article 53 des statuts, la liquidation, si la dissolution est prononcée, s'opérera par les soins du Conseil d'administration actuellement en exercice et composé de MM. Louis Ewald, président ; Roger Lehideux, vice-président ; Morel Kahn, Charles de Montferrand, F.-A. Herrmann, Georges de la Fontaine, G. Avice, G. de Bézaure, J. de Sessevalle, membres, auxquelles fonctions ils sont d'ores et déjà appelés.

Les liquidateurs auront, pour la liquidation, les pouvoirs les plus étendus, d'après les lois et usages du commerce.

Ils auront, notamment, tous pouvoirs pour vendre, céder et transférer à qui bon leur semblera, tout ou partie de l'actif social et ce aux clauses et conditions qu'ils aviseront ; ils pourront vendre, soit à l'amiable, soit aux enchères, tous biens meubles et immeubles, fixer les prix de vente et le mode de paiement, réaliser toutes conventions, les proroger, les céder, faire tous paiements avec ou sans subrogation.

Ils autoriseront toutes instances judiciaires, soit en demandant, soit en défendant; ils pourront traiter, transiger, compromettre, donner tous désistements et mainlevées, avec ou sans paiement, opérer tous retraits, transferts, aliénations de créances, avec ou sans garantie, en général exercer tous les pouvoirs que les statuts donnent au Conseil d'administration et prendre toutes mesures utiles et tous engagements dans l'intérêt de la liquidation, sans que les énonciations qui précèdent aient un caractère limitatif.

Après acquittement du passif, ils répartiront entre les ayants droit l'actif disponible.

Pour l'exercice de leur mission, les liquidateurs se constitueront en conseil ; toutes les décisions, pour être valables, devront être prises à la majorité des membres présents, par trois au moins des liquidateurs en exercice.

Les liquidateurs décideront du nombre de signatures, soit de liquidateurs, soit de fondés de pouvoirs que devront porter les actes, les acquits, les endossements, mandats sur la Banque de France et sur tous dépositaires de fonds, la correspondance et toutes autres pièces ; ils pourront aussi donner, soit à l'un ou plusieurs d'entre eux, soit à des tiers, tels pouvoirs qu'ils jugeront convenables, pour des objets soit généraux, soit spécialement déternés.

En cas de décès, démission et généralement quand, pour une cause quelconque, le nombre des liquidateurs sera inférieur à cinq, il pourra être pourvu aux vacances par les membres restants, votant à la majorité ; toutefois, ils ne seront tenus de pourvoir au remplacement que dans le cas où le nombre des liquidateurs serait descendu au-dessous de quatre.

Les procès-verbaux des délibérations du Conseil de liquidation seront valablement signés par deux des membres présents à la séance. Les extraits et copies à fournir aux tiers seront valablement signés par le président ou deux membres du Conseil de liquidation ayant ou non assisté à la réunion.

Le Conseil de liquidation jouira des mêmes avantages que ceux accordés au Conseil d'administration par les statuts et le vote des assemblées.

M. le président. — M. Propper n'est pas d'avis que l'enterrement d'aujourd'hui se passe sans fleurs ni couronnes. Je lui donne la parole.

M. Propper. — Je demande à l'assemblée de voter des remerciements au Conseil d'administration qui a fort bien géré notre affaire. Je suis convaincu que, grâce à ses efforts, la liquidation se fera dans d'excellentes conditions. (*Très bien ! Très bien !*)

M. le président. — Je vous remercie de ce pronostic que nous nous efforcerons de réaliser.

Pièce F

BANQUE NATIONLLE D'HAITI

66, Chaussée d'Antin

PARIS

Paris, le 13 Février 1911.

M.

En conformité de la résolution votée par les actionnaires à l'assemblée générale extraordinaire du 6 janvier, le Conseil d'administration, dans sa séance du 6 février, a décidé la dissolution de la Banque Nationale d'Haïti et son entrée en liquidation à partir du 14 février.

Une première répartition, correspondant :

Au capital social versé....	Fr.	5.000.000 »
A la réserve légale............		1.000.000 »
Au fonds de prévoyance........		1.248.532 71
Ensemble..............	Fr.	7.248.532 71

représentant 362 fr. 4266 par action, moins les impôts ou net 357 fr. 93 par action nominative, impôts déduits; ou net 357 fr. 12 1/2 par action au porteur, impôts déduits, sera mise en paiement à partir du 20 février, sur présentation des titres, aux guichets de la Société Générale de Crédit Industriel et Commercial, 66, rue de la Victoire, à Paris.

La Banque de l'Union Parisienne donne aux actionnaires de la Banque Nationale d'Haïti le privilège d'achat d'actions de la Banque Nationale de la République d'Haïti, au prix nominal de 540 francs par titre, soit au prix effectif de 165 francs par action libérée de 125 francs et à raison de 3 actions de la nouvelle Banque pour 4 actions de la Banque Nationale d'Haïti, sans qu'il puisse y avoir de fraction.

Ce droit d'achat doit être exercé du 15 au 28 février, en produisant les titres aux guichets de la Banque de l'Union Parisienne, 7, rue Chauchat, à laquelle devra être versé, en même temps, le prix des actions achetées, soit 165 francs par action, plus le montant des droits de transfert de 1 fr. 2375 par action.

Il sera délivré soit des certificats d'actions, soit des bons ou reçus signés par la Banque de l'Union Parisienne.

BANQUE NATIONALE D'HAITI.
Le Conseil d'Administration.

Pièce G

BANQUE NATIONALE D'HAITI
(en liquidation)
Capital 10,000,000 de francs
66, Chaussée d'Antin
PARIS

Adresse télégraphique :
INSULAIRE

Paris, Février 1911.

M.

Nous avons l'honneur de vous informer qu'en conformité de la résolution votée par les actionnaires à l'assemblée générale extraordinaire du 6 janvier, le Conseil d'administration, dans sa séance du 6 février, a décidé la dissolution de la Banque Nationale d'Haïti et son entrée en liquidation à partir du 14 février.

La liquidation s'opérera par les soins du Conseil d'administration actuellement en exercice, constitué en comité de liquidation.

La Banque Nationale de la République d'Haïti, qui commencera ses opérations à partir du 1er mars prochain, se mettra en rapport avec notre clientèle pour continuer avec elle les opérations qu'elle avait l'habitude de faire avec nous.

La nouvelle Société sera chargée de la liquidation de nos affaires en Haïti, où elle conservera nos installations et notre personnel.

LE CONSEIL D'ADMINISTRATION

Pièce H

Voici la note qui fut publiée, à cette occasion, dans différents journaux français :

BANQUE NATIONALE D'HAITI

« Les actionnaires de la Banque Nationale d'Haïti, réunis en assemblée générale extraordinaire, sous la présidence de M. Ewald, président du Conseil d'administration, pour statuer, ainsi que nous l'avions annoncé récemment, sur une proposition de dissolution anticipée de la Société, ont adopté cette proposition.

« La liquidation ne sera d'ailleurs effective qu'à la condition que le Conseil d'administration, muni à cet égard par l'assemblée des pouvoirs nécessaires, l'ait prononcée avant le 30 juin 1911.

« Les membres du Conseil d'administration ont été nommés éventuellement liquidateurs.

« Cette décision met fin au conflit qui avait éclaté entre la Banque et le Gouvernement d'Haïti. Ce dernier renonce au bénéfice des condamnations prononcées en sa faveur par les tribunaux haïtiens contre la Banque ; celle-ci renonce à ses réclamations et consent à la résiliation de son privilège.

« En échange, la Banque reçoit du Gouvernement d'Haïti une somme de 1,330,601 francs pour règlement de comptes divers en suspens.

« Cette somme sera payée pour le compte du Gouvernement d'Haïti par la Banque de l'Union Parisienne. Cet établissement va, en effet, fonder la nouvelle Banque qui se substituera à la

Banque actuelle sous le nom de Banque Nationale de la République d'Haïti, au capital de 20 millions. La Banque actuelle recevra en outre 200,000 francs pour ses immeubles et aménagements en Haïti, et 20,000 parts de fondateur de la nouvelle Banque, déjà aliénées, a dit le Conseil, pour une somme de 1,250,000 francs.

« D'après les indications du président du Conseil, la liquidation donnerait le double du capital que les actionnaires avaient confié à la Banque à l'origine. Les parts de fondateur recevraient environ 70 francs. Le dividende annuel moyen réparti au capital depuis la fondation ressort à 11 0/0.

« Par faveur spéciale, il sera réservé 15,000 actions, sur les 40,000 de la nouvelle Banque, aux actionnaires de la Banque Nationale d'Haïti, au prix de 540 francs chacune, à raison de trois actions nouvelles pour quatre anciennes. »

Pièce I

BANQUE
DE L'UNION PARISIENNE
Société anonyme
Capital : 60,000,000 de francs
7, rue Chauchat,
et 14, rue Le Peletier
Adresse télégraphique :
PARUNION-PARIS
RÉPUBLIQUE D'HAITI
Emprunt extérieur 5 0/0 Or 1910

Paris, le 7 Février 1911.

M

Nous avons l'honneur de vous remettre, sous ce pli, en le recommandant à votre attention, un prospectus relatif à un emprunt extérieur 5 0/0 or 1910 de la République d'Haïti, de 65 millions de francs, représenté par 130,000 obligations de 500 francs, remboursables en cinquante ans, soit au pair, par voie de tirages annuels, soit par achats en Bourse au-dessous du pair.

Ces obligations rapportent un intérêt annuel de 25 francs, payable les 15 mai et 15 novembre, par coupons semestriels de 12 fr. 50. Elles sont émises jouissance du 17 février 1911. Les certificats provisoires seront munis d'un coupon intérimaire de 6 fr. 10, représentant les intérêts du 17 février au 15 mai 1911.

Cet emprunt constitue un engagement direct de l'Etat d'Haïti. Il est garanti irrévocablement et par privilège, en capital, intérêts et frais, et ce, pour toute sa durée, par :

1° Un dollar-or américain par 100 livres de café exporté, ce qui représente, d'après les exportations des dix dernières années, 563,785 dollars-or ;

2° Une surtaxe spéciale de 15 0/0 or américain à l'importation, dont le montant annuel est évalué à 352,700 dollars-or ; au total, 916,485 dollars-or, soit un total de 4,700,000 francs environ, alors que l'annuité nécessaire au service de l'emprunt, en intérêts et amortissement, n'est que de 3,600,000 francs environ.

Pendant toute la durée de l'emprunt, les taxes ci-dessus affectées seront encaissées, pour compte de qui de droit, par la Banque Nationale de la République d'Haïti.

Le prix d'émission est fixé à 88 1/2 0/0, soit 442 fr. 50 par obligation, payables :

100 francs en souscrivant ; 342 fr. 50 à la répartition, du 24 au 28 février ; total : 442 francs 50.

A ce prix, le placement ressort à 5 fr. 65 0/0, sans compter la prime de remboursement.

La souscription publique aura lieu à nos guichets, le 17 février 1911, et sera close le même jour. Les souscriptions par listes ne sont pas admises et, si les demandes dépassent le nombre de titres disponibles, elles seront soumises à une réduction proportionnelle.

Vous pouvez nous adresser vos demandes dès maintenant, en les accompagnant du montant du premier versement de 100 francs par titre, à moins qu'il n'y ait provision à votre compte.

Veuillez agréer, M , nos salutations distinguées.

BANQUE DE L'UNION PARISIENNE.

Pièce J

RÉPUBLIQUE D'HAITI

EMPRUNT EXTÉRIEUR 5 o/o OR 1910

D'un montant nominal de Fr. 65.000.000

Créé en vertu de la Loi du 21 octobre 1910, promulguée le 25 octobre 1910

ÉMISSION DE 130,000 OBLIGATIONS DE 500 FRANCS

Remboursables en cinquante ans, soit au pair par voie de tirages annuels, soit par achats en Bourse au-dessous du pair,

Rapportant un intérêt annuel de 25 francs, payable les 15 mai et 15 novembre, par coupons semestriels de 12 fr. 50.

Ces obligations sont émises jouissance du 17 février 1911.

Le premier coupon sera payable le 15 mai 1911, à raison de 6 fr. 10, représentant les intérêts du 17 février au 15 mai 1911.

Cet emprunt, qui a été contracté par :

La Banque de l'Union Parisienne,

Les Maisons américaines Hallgarten et Cie, Ladenburg-Thalmann et Cie, auxquelles se sont joints la National City Bank et MM. Speyer et Cie, Et la Berliner Handelsgesellschaft, à Berlin, *constitue un engagement direct de l'Etat d'Haïti.*

Il est garanti irrévocablement et par privilège en capital, intérêts et frais, et ce pour toute sa durée, par les diverses taxes de douane spécifiées ci-contre qui seront encaissées par la Banque Nationale de la République d'Haïti et dont le produit annuel est évalué à un total d'environ 4,700,000 francs, alors que l'annuité nécessaire au service de l'emprunt en intérêts et amortissement n'est que de 3,600,000 francs environ.

Prix d'émission : 88 1/2 0/0, soit 442 fr. 50

par obligation ; payables : en souscrivant, 100 francs ; à la répartition du 24 au 28 février, 342 fr. 50 ; total, 442 fr. 50.

Au taux d'émission, le placement ressort à 5 fr. 60 0/0, sans compter la prime de remboursement.

Si le versement de répartition n'est pas effectué à la date fixée, les souscripteurs seront passibles d'intérêts de retard au taux de 5 0/0, et leurs titres pourront être vendus à la Bourse de Paris, un mois après l'échéance du solde dû, sans mise en demeure, pour le compte et aux risques des parties intéressées.

La souscription aura lieu le 17 février 1911 à la Banque de l'Union Parisienne, 5 et 7, rue Chauchat, et 14, rue Le Peletier, et sera close le même jour.

Les souscriptions sont reçues dès à présent par correspondance ; les souscriptions par listes ne sont pas admises ; les demandes, si elles dépassent le nombre de titres disponibles, seront soumises à réduction proportionnelle ; l'admission à la cote officielle de la Bourse de Paris sera demandée.

Des certificats provisoires au porteur, timbrés, munis d'un coupon intérimaire de 6 fr. 10 à l'échéance du 15 mai 1911, seront délivrés à la répartition contre remise des récépissés de souscription. Les certificats seront échangés ultérieurement contre des titres définitifs, également au porteur, sans conformité de numéros.

La déclaration au timbre a été faite le 27 janvier 1911.

CONDITIONS DE L'EMPRUNT

Garanties. — Il est affecté irrévocablement et par privilège à la garantie de l'emprunt, en capital, intérêts et frais, et ce pour toute sa durée :

1° Un dollar-or américain par 100 livres de café exporté. Le produit annuel de ce droit, d'après les exportations des dix dernières années, est évalué à............. $-or 563.785

2° La surtaxe spéciale de 15 0/0 or américain à l'importation, créée par la loi du 20 août 1909 et dont le montant est évalué à.................... 352.700

$-or 916.485

soit un total de 4,700,000 francs environ, alors que l'anuité nécessaire au service de l'emprunt en intérêts et amortissement n'est que de 3 millions 600,000 francs environ.

Pendant toute la durée de l'emprunt, les taxes ci-dessus affectées seront encaissées, pour compte de qui de droit, par la Banque Nationale de la République d'Haïti.

Si le produit annuel de ces taxes venait à tomber, pendant un délai de deux années consécutives, au-dessous de 90 0/0 du montant d'une annuité, le Gouvernement de la République d'Haïti devrait en affecter d'autres au service de l'emprunt, de manière que l'ensemble du produit annuel des taxes spécialement affectées soit toujours au moins égal au montant d'une annuité.

Si, trente jours avant chaque échéance semestrielle, le produit net des taxes spécialement affectées à la garantie de l'emprunt n'est pas suffisant pour assurer le service intégral de la semestrialité en cours, le ministre des finances autorisera la Banque Nationale de la République d'Haïti à prélever par préférence, sur les fonds de trésorerie appartenant à l'Etat haïtien et dont elle sera légalement dépositaire, les sommes nécessaires pour parfaire le montant de cette semestrialité.

Le Gouvernement haïtien a donné à la Banque Nationale de la République d'Haïti mandat formel et irrévocable, pendant toute la durée de l'emprunt, d'effectuer les encaissements, prélèvements et remises afférents au service dudit emprunt.

Objet. — Le produit de l'emprunt est destiné à faire face à l'exécution d'un programme de réforme monétaire, au rachat de dettes intérieures et à divers besoins de trésorerie.

Amortissement. — L'amortissement de l'emprunt s'effectuera en cinquante ans, conformément au tableau qui sera imprimé au verso des titres.

Les obligations seront amorties, soit à leur valeur nominale par voie de tirages au sort annuels, soit par achats en Bourse lorsqu'elles seront au-dessous du pair.

Les tirages s'effectueront à Paris, par les soins de la Banque de l'Union Parisienne, en présence de délégués du Gouvernement de la République d'Haïti, dans le courant du mois d'avril de chaque année.

Le premier tirage aura lieu dans le courant du mois d'avril 1912.

Les listes des numéros sortis au tirage seront publiées dans deux journaux de Paris, dans le *Journal officiel de la République d'Haïti* et dans un journal de chacune des autres places où l'émission aura été ouverte.

Les obligations sorties au tirage seront payées le 15 mai de chaque année, en même temps que les coupons échéant à cette date, aux caisses des banques ci-dessous indiquées pour le paiemnt des coupons.

Le premier remboursement aura lieu le 15 mai 1912.

Toute obligations présentée au remboursement devra être munie de tous les coupons non échus à la date fixée pour le remboursement. Dans le cas où il en manquerait un ou plusieurs, leur montant serait déduit du capital à payer au porteur.

Les obligations qui n'auraient pas été présentées à l'encaissement dans un délai de vingt ans, à partir de leur échéance, seront prescrites en faveur du Gouvernement de la République d'Haïti.

Le Gouvernement de la République d'Haïti s'interdit d'augmenter l'amortissement du présent emprunt avant le 15 mai 1920.

A partir de cette date, il aura le droit de rembourser, au pair, les obligations restant à amortir. Ce remboursement ne pourra s'opérer que pour la totalité des titres restant en circulation et moyennant un préavis d'au moins trois mois, publié dans un journal d'annonces légales à Paris, en Haïti et dans toutes les villes étrangères où l'émission du présent emprunt aurait été ouverte.

Service des coupons et des titres. — Les coupons et les titres amortis ou remboursés seront payés pour leur valeur nominale, sous déduction des impôts français ou étrangers, aux caisses de la Banque de l'Union Parisienne, à Paris, de la Banque Nationale de la République d'Haïti, à Paris et en Haïti, et à celles des établissements ou maisons que la Banque de l'Union Parisienne désignerait, en France ou à l'étranger. Les coupons qui n'auraient pas été présentés à l'encaissement dans un délai de cinq ans à partir de leur échéance, seront prescrits en faveur du Gouvernement de la République d'Haïti.

Le premier coupon sera payable le 15 mai 1911 ; il comprendra le montant des intérêts courus à raison de 5 0/0 l'an entre la date de l'émission et le 15 mai 1911.

Les titres et coupons de l'emprunt circulant en France ou dans toute autre pays étranger sont et demeureront exempts de tous impôts, droits et redevances quelconques ordinaires ou extraordinaires, établis ou à établir en Haïti au profit du Gouvernement, des communes ou de toutes autres collectivités.

Cette exemption n'est pas applicable aux titres et coupons qui pourraient circuler en Haïti.

En cas de perte, de vol, de destruction ou d'altération des titres, la Banque de l'Union Parisienne est autorisée à procéder, pour le compte du Gouvernement de la République d'Haïti, et aux frais des porteurs, au remplacement de ces titres, après qu'il lui aura été fourni des preuves, jugées par elle suffisantes, de la disparition de ces titres et des droits des réclamants, ou que ceux-ci lui auront fourni des garanties qu'elle estimera suiffisantes, et ce conformément aux usages de la place de Paris.

A l'expiration des feuilles de coupons dont sont munies les obligations. elles seront renouvelées aux frais du Gouvernement par les soins de la Banque de l'Union Parisienne.

Certificats provisoires et titres définitifs. — La Banque de l'Union Parisienne est autorisée à créer, au nom de Gouvernement, des certificats provisoires qui seront signés, au nom du Gouvernement, par la Banque de l'Union Parisienne ou ses délégués, et porteront imprimée la signature du ministre des finances d'Haïti.

Les titres définitifs, numérotés de 1 à 130000, porteront imprimée la signature du ministre des finances d'Haïti et seront contresignés par un délégué de cet Etat.

Le Délégué du Gouvernement
de la République d'Haïti :
Signé : JOCELYN.

Pièce K

Paris, *le* 17 *février* 1911.

EMPRUNT D'HAITI 5 0/0 1910.

La souscription publique ouverte en France, à la Banque de l'Union Parisienne, pour l'Emprunt 5 0/0 de 65 millions or et qui a été contracté, comme on sait, par un groupe financier important composé de cet établissement de crédit, de maisons américaines et de la Berliner Handelsgesellschaft, de Berln, sera close aujourd'hui 17 février. Elle aura obtenu un grand succès. Avant l'ouverture de la souscription, les obligations se sont négociées sur le marché en Banque avec 5 à 12 francs de prime. Un des côtés caractéristiques de cet emprunt est l'intervention de grandes maisons de banque américaines et d'un des principaux établissements financiers allemands.

Le public a pensé que les garanties stipulées par le Gouvernement Haïtien en faveur d'un emprunt présenté sous la signature d'aussi grandes Banques devaient être des plus sérieuses et ne pourraient être impunément violées par l'Etat emprunteur.

---

27 *février* 1911.

L'Emprunt Haïtien 5 0/0 de 65 millions de francs a obtenu un grand succès. Comme l'avait annoncé le prospectus d'émission, la répartition a eu lieu à partir du 24 février courant, comme suit :

a) Les souscriptions de 1 à 5 obligations sont attribuées ;

b) Celles de 6 à 200 reçoivent 6 obligations ;

c) Au delà de ce chiffre, il est attribué 2 3/4 0/0 des titres demandés, toute fraction comptant pour une obligation.

Pièce L

BANQUE NATIONALE D'HAITI (LIQUIDATION)

17 *février* 1911.

A partir du 20 février courant, une première répartition correspondant au capital social versé (5 millions de francs ; à la réserve légale, 1 million de francs ; au fonds de prévoyance, 1,248,532 fr. 71, soit, ensemble : 7,248,532 fr. 71, sera mise en paiement, sur présentation des titres aux guichets de la Société Générale de Crédit Industriel et Commercial, à raison de :

357 fr. 93 par action nominative, impôts déduits ;

357 fr. 125 par action au porteur, impôts déduits.

La Banque Nationale d'Haïti informe ses actionnaires que la Banque de l'Union Parisienne leur concède le privilège d'achat d'actions de la Banque Nationale de la République d'Haïti, au prix nominal de 540 francs par titre, soit au prix effectif de 165 francs par action libérée de 125 francs et à raison de trois actions de la nouvelle Banque pour quatre de la Banque Nationale d'Haïti.

Les demandes sont reçues aux guichets de la Banque de l'Union Parisienne, du 15 au 28 février, sur production des titres.

---

27 *février* 1911.

A la suite de la répartition ci-dessus indiquée, l'action Banque Nationale d'Haïti vaut en clôture 332 francs et ne se négocie plus, depuis le 20 février, qu'en titre estampillé de ladite répartition.

Pièce M

BANQUE NATIONALE
DE LA
RÉPUBLIQUE D'HAITI
Capital 20,000,000 de francs
SIÈGE SOCIAL PROVISOIRE :
66, rue de la Chaussée-d'Antin
ADRESSE TÉLÉGRAPHIQUE :
INSULAIRE
Téléphone 124-71

Paris, Février 1911.

M

Nous avons l'honneur de vous informer que la Banque Nationale de la République d'Haïti, au capital de 20 millions de francs, a été constituée le 9 février 1911 et commencera ses opérations courantes à partir du 1er mars prochain.

A cette époque, elle se chargera, tant à Paris qu'en Haïti, de toutes les opérations correspondant aux fonctions privilégiées que comporte la concession qui lui a été accordée par le Gouvernement de la République d'Haïti, ainsi que de toutes autres opérations considérées comme rentrant dans le cadre habituel des affaires des maisons de banque et des établissements de crédit.

En conformité de l'article 25 de nos statuts, et suivant les décisions du Conseil d'administration, tous les actes engageant la Société doivent porter la signature :

Soit de deux administrateurs ;

Soit d'un administrateur et d'un mandataire nommé par le Conseil ;

Soit enfin celles de deux mandataires nommés par le Conseil.

Néanmoins, les endos ou acquits d'effets de commerce créés ou transmis au profit de la Société pourront ne porter qu'une seule signature.

Nous vous adresserons prochainement les spécimens des signatures autorisées.

Notre établissement sera heureux d'entrer en

relations avec vous et vous offre ses services pour toutes opérations que vous pourriez avoir à traiter ; vous pouvez être assuré que rien ne sera négligé pour vous donner satisfaction.

LE CONSEIL D'AMINISTRATION.

Pièce N

LA BANQUE NATIONALE
DE LA RÉPUBLIQUE D'HAITI

Ces jours-ci va être constituée la Société anonyme française qui, sous le nom de Banque Nationale de la République d'Haïti, prendra la suite du privilège de la Banque Nationale d'Haïti.

Le nouvel établissement est constitué par un groupe financier ayant à sa tête la Banque de l'Union Parisienne et comprenant MM. Thalmann et C°, L. Hirsch et C° ; les maisons américaines Hallgarten, Ladenburg Thalmann, Speyer et C° ; la National City Bank, de New-York, et la Berliner Handelgesellschaft, à Berlin. Il serait prématuré d'entrer dans des détails complets sur une entreprise qui ne sera définitivement constituée que dans quelques jours.

18

Il est cependant intéressant de caractériser dès maintenant ses attributions.

La Banque Nationale de la République d'Haïti aura le privilège exclusif de l'émission des billets de banque et de la monnaie divisionnaire, et prêtera son concours au Gouvernement pour l'établissement d'une nouvelle unité monétaire à base d'or.

La Banque sera chargée exclusivement, tant à l'intérieur qu'à l'extérieur, du service de la trésorerie d'Etat et fera tous ses payements, y compris le service des intérêts et amortissements de la datte publique. Enfin elle pourra effectuer toutes les opérations de banque en général.

On voit que ce programme, vaste et précis, permettra à la nouvelle Banque Nationale de la République d'Haïti d'exercer une influence considérable sur le relèvement économique et financier d'un pays dont les éléments de prospérité sont de premier ordre et ne demandent qu'à être mis en œuvre.

Il répond aux vues nettement exprimées par le Gouvernement haïtien. C'est ainsi que, dans son exposé de la situation pour l'année 1910 communiqué aux Chambres, le ministre des finances, constatant que les ressources naturelles d'Haïti sont inépuisables au point que cette affirmation est devenue un lieu commun, ajoutait que le pays devait se mettre résolument en état de tirer parti de ces ressources, donner une activité intensive à l'exploitation agricole, et s'appuyer, pour y réussir, sur une puissante institution de crédit.

Il annonçait, en même temps, que le Gouvernement, d'accord avec la Banque Nationale d'Haïti, s'occupait de réaliser les moyens financiers propres à faciliter l'évolution économique de la République.

La création de la Banque Nationale de la République d'Haïti est le résultat de cette politique. Si l'on réfléchit par surcroît aux perspectives qu'offre, dans cette région, l'ouverture désormais prochaine du canal de Panama, on peut dire que la fondation de cet établissement marque le commencement d'une ère nouvelle et la France doit d'autant plus s'en féliciter qu'elle doit garder dans la nouvelle Banque, une part d'influence prépondérante. (Du 17 février 1911.)

L'action *Banque Nationale* d'Haïti est à 713 francs ; la deuxième assemblée constitutive de la Banque Nationale de la République d'Haïti a approuvé l'apport de la Banque de l'Union

Parisienne et nommé les administrateurs et les commissaires des comptes.

Les résolutions suivantes ont été adoptées à l'unanimité par la deuxième assemblée constitutive qui a eu lieu le 9 février, sous la présidence de M. le marquis de Reverseaux :

1° L'Assemblée générale après avoir entendu la lecture du rapport de M. Bergeaud, commissaire, adopte les conclusions de ce rapport et en conséquence elle approuve l'apport fait à la Société par la Banque de l'Union Parisienne et les conditions de cet apport ainsi que les avantages stipulés aux Statuts, tel que le tout résulte de ces Statuts ;

2° L'Assemblée générale nomme comme premiers administrateurs dans les termes de l'article 21 des Statuts :

MM. Bieber Otto, Bousquet Henri, Serres P.-E., Girod Pierre, Mallet Ernest, Poirson Charles, marquis de Reverseaux M.-C., Roberts Samuel, Schuster Richard, Thalmann Ernest, Treitel Ludwig ;

3° L'Assemblée générale nomme M. Gaston de Casteran et M. Henri Tarbagayre, commissaires avec faculté d'agir conjointement ou séparément pour faire un rapport à l'Assemblée générale sur les comptes du premier exercice social et sur la situation de la Société, conformément à la loi.

Pièce O

ÉVÊCHÉ DES CAYES

LETTRE PASTORALE DE MGR L'EVÊQUE DES CAYES A LA POPULATION DE SA VILLE ÉPISCOPALE.

N. T. C. F.,

Au lendemain de ce terrible incendie qui a ruiné notre chère ville, la voix unanime du peuple proclame que la principale cause qui ait déchaîné le fléau de la colère divine, c'est la superstition. Et le peuple est bon juge, quand il nous répète que la magie ne s'étalerait pas d'une façon si osée, si insolente, au seuil même de nos églises et au cœur de notre ville, avec ses pratiques abhorrées, si elle ne s'appuyait sur la complicité plus ou moins secrète de nombreuses familles de la classe dirigeante elle-même.

La tolérance coupable des hommes instruits, influents, qui par leur intelligence et leur caractère sont tout désignés pour entraîner leurs concitoyens dans la voie de la véritable liberté des enfants de Dieu ; la terreur qui paralyse la masse du peuple exploitée par une poignée de devins et des prêtres des idoles, nous les avons senties se dresser devant nous comme des barrières infranchissables toutes les fois que nous avons cherché à pénétrer les fonds des croyances et des pratiques superstitieuses que nous avons mission de combattre de la part de Dieu.

Au lendemain de Notre arrivée en Haïti, en 1876, une des premières autorités de Jacmel, par crainte du danger, refusait de Nous conduire à une assemblée nocturne où nous aurions vu les choses de nos yeux.

A Notre arrivée aux Cayes, en 1885, Nous fûmes menacés des tribunaux pour avoir saisi des Oraisons et Colliers maldive, exposés sur un plâteau à l'entrée de la Cathédrale, et le poursuivant était un officier de la place.

En 1893, un de nos premiers actes comme évêque faisait appel aux autorités et à la population aux fins de prohiber de concert la vente des objets de superstition. Dix-huit ans ont passé et les objets superstitieux se vendent publiquement sur le marché, au port, au portail, sous les yeux indifférents de toutes les classes de la société.

Faut-il rappeler les scènes, encore récentes, qui se sont déroulées dans les campagnes de Port-Salut et au chef-lieu paroissial des Anglais ?

Sans nous attarder à la citation des faits passés, arrivons à celui qui, aujourd'hui, émeut douloureusement notre cœur de Pasteur : un crime inouï a été commis dans le cimetière public des Cayes, peu de jours avant la catastrophe qui vient d'anéantir les Cayes. Une troupe de bandits s'est donné rendez-vous pour des orgies nocturnes, à une cinquantaine de mètres de la Croix qui domine et protège les tombes de nos défunts sous un arbre que les adeptes du Vaudoux regardent comme sacré. A leur festin digne de l'enfer ils ont consommé, comme pièce principale, un porc rôti, entremêlant leurs bacchanales de libations et de rites cabalistiques. Ce fait n'est parvenu à notre connaissance que par hasard, lorsque déjà il était notoire dans la ville et les personnes les plus voisines du cimetière, quand Nous les avons interrogées étaient au premier abord sous l'empire d'une telle frayeur qu'elles prétendaient ne rien connaître. Bientôt cependant, réunies en groupe autour de Nous, elle se sont enhardies à parler.

Se taire en pareil cas, N. T. C. F., n'est-ce pas de la complicité ! Qui pourra dire que nous ne méritons pas d'être châtiés par une verge de fer ? Y a-t-il, après le cannibalisme, un crime plus affreux que celui de profaner la sainteté des tombeaux par des saturnales qui auraient excité, en pareil lieu, l'horreur des plus païens ? Fort souvent, amis et ennemis de l'Eglise nous demandent : Que faites-vous donc contre la superstition ? Où est votre action ? Quels sont vos résultats ?

Population des Cayes, aujourd'hui pour la centième fois, Nous crions au secours et avec vous. Nous pensons que la présence d'un Evêque serait inutile au sein de votre ville, s'il devait vivre encerclé par les étalages de plats marassa, de colliers, d'oraisons ; si, à deux pas de la demeure épiscopale, sous nos fenêtres mêmes, continuaient à se dérouler publiquement, au son des tambours, les sacrifices offerts aux divinités païennes.

La ville entière se doit à elle-même de protester énergiquement contre l'outrage fait à ses morts. M. le Magistrat Communal a été, Nous en sommes convaincus, l'interprête du scandale, il a décidé de raser l'arbre maudit, afin d'en abolir jusqu'au souvenir, si c'était possible.

Pour notre part, Nous invitons les fidèles de la Cathédrale et du Sacré-Cœur à une procession de réparation et de pénitence qui partira aujourd'hui, après vêpres, de l'église du Sacré-Cœur, pour se rendre au cimetière, au chant du *Miserere*.

Nous vous demandons d'y assister en foule, pour bien accentuer le respect que vous gardez à la mémoire de vos défunts, et la réprobation unanime que soulève le fétichisme.

Nous bénirons de nouveau la Croix et le champ des Morts. Si cette cérémonie d'expiation ne revêtait pas le caractère public et solennel qu'elle comporte, ou si elle ne suffisait pas à empêcher le retour de faits semblables, nous nous verrons dans la nécessité d'interdire le cimetière.

Donné aux Cayes, le 4 mars 1911.

JEAN-MARIE,
Evêque des Cayes.

PARIS

SOCIÉTÉ ANONYME DE L'IMPRIMERIE KUGELMANN

(L. CADOT, directeur),

12 — Rue de la Grange-Batelière — 12

FRÉDÉRIC MARCELIN

Ducas-Hippolyte
(Biographie d'un poète haïtien)

La Politique
(Discours à la Chambre des Députés)

La Banque Nationale d'Haïti

Questions haïtiennes

Le Département des Finances et du Commerce d'Haïti

Les Chambres législatives d'Haïti (1892-94)

Choses haïtiennes
(Politique et Littérature)

Haïti et sa Banque Nationale

Nos Douanes (Haïti)

Haïti et l'Indemnité française

Une Evolution nécessaire

L'Haleine du Centenaire

Le Passé
(Impressions haïtiennes)

Autour de deux Romans

Thémistocle-Epaminondas **Labasterre**
(OLLENDORFF)

La Vengeance de Mama
(OLLENDORFF)

Marilisse (OLLENDORFF)

La Confession de Bazoutte
(OLLENDORFF)

Erreur et Vérité
(Au Corps législatif d'Haïti)

Le Géneral Nord Alexis
(1905), Tome I

Le Général Nord Alexis
(1906-07), Tome II

Le Général Nord Alexis
(1908), Tome III

Bric-à-Brac

Paris, Soc. an. de l'Impr. Kugelmann (L Cadot, dir.), 12, rue Grange-Batelière

www.ingramcontent.com/pod-product-compliance
Ingram Content Group UK Ltd.
Pitfield, Milton Keynes, MK11 3LW, UK
UKHW020130220726
13923UKWH00001B/95

9 782019 292249